FACULTÉ DE DROIT DE PARIS.

THÈSE
POUR LE DOCTORAT.

DES TRANSACTIONS.

L'acte public sur les matières ci-après sera soutenu,
le mercredi 20 avril 1853, à une heure,

Par Armand FEBVAY, né à Rupt (Vosges).

AVOCAT .. LA COUR IMPÉRIALE DE PARIS.

Président : M. VALETTE, Professeur.

MM.

SUFFRAGANTS :

BUGNET,
PELLAT,
COLMET DAAGE,
ROUSTAIN,

Professeurs.

Suppléant.

*Le Candidat répondra en outre aux questions qui lui seront
faites sur les autres matières de l'enseignement.*

PARIS,

VINCHON, FILS ET SUCCESSEUR DE Mme Ve BALLARD,
IMPRIMEUR DE LA FACULTÉ DE DROIT,
rue J.-J. Rousseau, 8.

1853.

A DES PARENTS.

A M. FLORIS MIMEREL,

DOCTEUR EN DROIT,

Avocat au conseil d'État et à la Cour de Cassation.

TABLE DES MATIÈRES

CONTENUES DANS LA THÈSE.

TITRE Ier.

DE LA TRANSACTION EN DROIT ROMAIN.

CHAPITRE Ier.

APERÇU GÉNÉRAL SUR LES CONVENTIONS EN DROIT ROMAIN.

CHAPITRE II.

CHAPITRE V.

DES CAUSES DE RESCISION DES TRANSACTIONS.

XIX. Qu'arrive-t-il dans le cas où des titres nouveaux ont été découverts? — Deux hypothèses.

XX. Énumération des autres causes de rescision.

XXI. De la lésion énorme. — Était-elle une cause de rescision?

CHAPITRE VI.

SUR QUELLES CHOSES ON NE PEUT TRANSIGER.

XXII. De la transaction sur aliments. — *Quid* des aliments à échoir? — *Quid* des aliments échus. — Rescrit de Marc-Aurèle.

XXIII. Transactions ayant pour objet les délits. — Délits privés, délits publics. — *Quid* des délits publics emportant la peine capitale? — *Quid* de l'adultère? — *Quid* des délits n'emportant pas la peine capitale? — *Quid* du faux?

XXIV. Transactions sur choses laissées par testament. — Opinion de Doneau. — Opinion de Cujas.

XXV. Transactions ayant pour objet des questions d'état. — Opinion de Voët sur ce point.

DROIT FRANÇAIS.

TITRE II.

CHAPITRE 1er.

DU CONTRAT DE TRANSACTION, DE SA NATURE ET DE SES CARACTÈRES.

XXVI. Double sens du mot *transaction*. — Sens juridique de ce mot.

CHAPITRE II.

QUELLES PERSONNES PEUVENT TRANSIGER.

CHAPITRE III.

QUELLES CHOSES PEUVENT ÊTRE L'OBJET D'UNE TRANSACTION.

CHAPITRE IV.

EFFETS DES TRANSACTIONS.

CHAPITRE V.

DE LA PREUVE DE LA TRANSACTION.

CHAPITRE VI.

DE LA RESCISION DES TRANSACTIONS.

TITRE III.

DE L'ENREGISTREMENT EN MATIÈRE DE TRANSACTIONS.

DE LA TRANSACTION EN DROIT ROMAIN.

TITRE Ier.

(Dig., liv. 2, tit. 15, C., l. 2, tit. 4.)

CHAPITRE Ier.

APERÇU GÉNÉRAL SUR LES CONVENTIONS EN DROIT ROMAIN.

I. Les Romains définissaient la convention : *Duorum vel plurium in idem placitum consensus animo contrahendæ obligationis.*

Cette définition nous donne donc l'accord du consentement de plusieurs personnes en un même vouloir comme l'une des causes efficientes des obligations.

Mais toute convention ne produisait pas une obligation civile; aussi divisait-on les conventions en *contrats* et *pactes nus.*

Les premiers seuls produisaient une obligation civile, les seconds ne donnaient naissance qu'à *une obligation naturelle.*

II. L'obligation est définie aux Institutes : *Juris vinculum quo necessitate adstringimur alicujus solvendæ rei secundum nostræ civitatis jura.* Vinnius, dans son Commentaire sur les Institutes, propose la correction suivante : « *Obligatio est juris vel æquitatis vinculum, etc.* »

Cette correction ne doit pas être acceptée (1). Elle tendrait à faire croire que l'obligation naturelle est dénuée de toute espèce de sanction et ne produit aucun effet. C'est là une erreur. Le pacte produisait une obligation naturelle, qui, si l'on excepte l'action, donnait lieu, à peu près, aux mêmes effets que l'obligation civile.

Ainsi, une obligation naturelle permettait au créancier d'opposer la compensation, même avec une dette civile (L. 6, D., *de compensationibus*).

Elle lui permettait encore d'exercer la rétention lorsque le débiteur avait payé cette même dette, alors même qu'il aurait cru payer une dette civile (L. 10, D., *de obligat. et action.*; L. 19, *de condict. indeb.* ; L. 3, C., *de usuris*).

Cette obligation naturelle pouvait être constituée et celui qui était venu *constituere se soluturum* ce qu'il devait ou ce qu'un autre devait naturellement, était désormais tenu civilement (L. 1er, § *penult.*, D., *de pecun. constit.*).

Cette obligation naturelle pouvait être novée (L. 1er, *in fine*, D., *de noval.*).

---

(1) Cependant dans les textes du Digeste (v., par exemple, Papinien, l. 95, § 4, *de solutionibus*, et Paul, l. 84, § 1, de R. J.), l'obligation naturelle est souvent appelée *vinculum æquitatis*. Mais dans ces textes, *æquitas* est opposé à l'*ipsum jus*, au *jus quiritium*, et d'ailleurs les jurisconsultes ne s'occupent que de la présence ou de l'absence de l'effet coercitif, de l'action. Il n'en est pas moins vrai que tout bien examiné, il y a *vinculum juris* dans l'obligation naturelle.

Enfin, elle était valablement garantie par un fidéjusseur (§ 1er, Inst., *de fidejuss.*) et par un gage (L. 5, D., *de pignoribus et hypoth.*).

Il est donc inexact de dire que, dans le cas de l'obligation naturelle, il n'y a qu'un lien d'équité, *vinculum æquitatis.*

Il y a bien *vinculum juris,* mais il n'est pas aussi étendu que dans le cas de l'obligation civile. L'on pourrait presque procéder ici par équation et dire : L'obligation naturelle est l'obligation civile, moins l'action, ou l'obligation civile est l'obligation naturelle, plus l'action.

Il nous reste à savoir ce qui aux yeux des Romains fait qu'il y a contrat et obligation civile, et non pas simple pacte ne produisant qu'une obligation naturelle.

Le consentement, comme nous l'avons vu, es la cause efficiente de l'obligation. Il suffit pour la créer, et en droit romain comme en droit français, *solus consensus obligat.* Seulement dans notre droit le consentement suffit pour créer une obligation civile, tandis qu'en droit romain il ne suffit jamais et ne crée qu'une obligation naturelle.

III. Quelle est donc, si l'on peut s'exprimer ainsi, la cause de la *civilité* de l'obligation, ou, pour employer le langage des jurisconsultes romains, la *causa civilis obligationis?* En d'autres termes, à quoi reconnaîtrons-nous qu'il y a contrat et obligation civile, et non simple pacte et obligation naturelle? La *causa civilis obligationis* est ce qui aux yeux du droit civil, est nécessaire et suffisant pour que ce droit accorde une action au créancier : dans les contrats *qui perficiuntur re*, ce sera donc la tradition faite, la remise effective d'une chose par l'une des parties à l'autre.

Dans les contrats *verbis*, qui forment le mode le plus général de s'obliger, celui auquel on a recours à défaut d'autre, la *causa civilis*, c'est la forme extérieure de la demande suivie de la réponse. Dans les contrats *litteris*, la *causa civilis* est la rédaction d'un écrit ; mais quelle sera la *causa civilis obligationis* dans les contrats *qui consensu perficiuntur ?* Ici la question devient plus difficile, car au premier abord on n'aperçoit aucune différence entre le consentement des parties donné par elles à un contrat de vente et ce même consentement donné dans le cas d'échange. Cependant, dans le premier cas, il y a contrat et obligation civile ; dans le second cas, simple pacte et obligation naturelle. La *causa civilis obligationis* est ici le *nomen contractus ;* le consentement seul n'a pas créé l'obligation civile dans le cas de la vente. Il a fallu qu'il vînt s'y ajouter ce fait que tous les détails de la convention intervenue permettaient de lui donner le nom d'*emptio venditio,* que toutes les conditions essentielles pour que ce nom pût être appliqué à cette convention se soient rencontrées : « Quæ pariunt actiones, nous dit « Ulpien (l. 7, § 1, D., *de pactis*), in suo nomine « non stant, sed transeunt in proprium nomen « contractus : ut emptio venditio, locatio con-

« ductio, societas....., et cæteri similes con-
« tractus. » Aussi les textes appellent-ils souvent
nomen la *causa civilis obligationis*. C'est ainsi que
l'un des plus célèbres interprètes du droit romain
définissait le pacte : « pactum nudum, id est non
« vestitum causa vel nomine ad procreandam
« actionem efficaci (1). »

IV. Par exception, il y avait en droit romain
des pactes qui produisaient une obligation civile
et par conséquent une action. Les uns appartenaient au droit civil, mais étaient d'introduction
récente, et, par respect pour le droit primitif,
ils n'ont jamais été nommés contrats, mais bien
pactes légitimes. Tel fut l'emphytéose à partir de
Zénon (Instit., § 3, *de local. et conduct.*, L. 1, C.,
de jure emphyt.). Telle fut encore la donation à
partir de Justinien (Instit., *de donation.*, § 2, et
C., L. 35, § 5, *eod. tit.*).

Les autres appartenaient au droit prétorien :
tels étaient le constitut, le pacte hypothécaire.
On les appelait pactes prétoriens. En outre, les
Romains admettaient que toutes les fois que
l'une des parties aurait exécuté l'obligation résultant contre elle d'un simple pacte, elle pouvait
alors exiger l'exécution du contrat de la part de
son cocontractant, en employant l'action appelée
præscriptis verbis, ou bien, lorsque cela était possible, demander qu'on lui restituât ce dont elle

---

(1) Thomassius, *dissertationum*, t. 2, page 141, *dissert.*, 36,
thes. 1re.

avait transféré la propriété, de telle sorte qu'alors les choses étaient remises dans leur premier état. Cette seconde action était la *condictio ob rem dati re non secuta*, ou, comme on l'appelle plus tard au temps de Justinien, la *condictio causa data causa non secuta*. A ce point de vue les contrats innommés étaient ramenés à quatre classes : *do ut des, do ut facias, facio ut des, facio ut facias*. Cette théorie présentait cependant une singularité. Dans le cas des contrats *facio ut des*, celui qui avait exécuté une obligation de faire, et vis-à-vis duquel on n'exécutait pas l'obligation qu'on avait contractée, n'avait aucune action civile, mais le préteur lui accordait l'action de dol. « Nulla erit civilis actio, nous dit Paul (L. 5, § 3, D., « de præscriptis verbis), et ideo de dolo dabitur, » et nous trouvons la même décision dans la loi 4 au Code *de dolo malo*. Cependant, cette singularité que nous signalons ne doit pas être considérée comme formant la règle générale en matière de contrats *facio ut des*. Nous trouvons, en effet, aux Institutes (lib. iii, tit. xxiv, *de locat. et conduct.*, § 1) ce qui suit : «Qua de causa, si fulloni polienda « curandave, aut sarcinatori sarcienda vestimenta « quis dederit, nulla statim mercede constituta, « sed postea tantum daturus quantum inter eos « convenerit, non proprie locatio et conductio « contrahi intelligitur, sed eo nomine actio præs- « criptis verbis datur.» Pourquoi donc autoriser le tailleur à exercer l'action *præscriptis verbis?* « Au milieu des conjectures, répond M. Du-

« caurroy (1), auxquelles cette matière semble
« abandonnée, un seul point paraît indubitable,
« c'est que quiconque transfère sa propriété a
« toujours une action contre celui qui, en rece-
« vant la chose et pour l'obtenir, a pris des en-
« gagements qu'il ne remplit pas. Dans les autres
« cas, la question de savoir si la convention et
« le fait qui l'accompagne produiront une action
« civile, semble dépendre de l'analogie qui rap-
« proche cette convention des contrats de dépôt,
« de commodat, de vente, de louage, de mandat
« ou de société. Ainsi, le tailleur dont nous par-
« lons aura l'action *præscriptis verbis*, parce que
« dans ce cas le contrat ne diffère du louage que
« par une nuance assez délicate pour faire douter
« s'il n'existe pas réellement un louage. »

Pour en finir avec ces idées préliminaires, nous
pourrions nous demander pourquoi les Romains
n'accordaient pas l'action toutes les fois qu'il y
avait un accord de volontés, pourquoi ils exi-
geaient qu'il y eût, soit exécution de la part de
l'une des parties, soit consentement donné dans
la forme de l'interrogation et de la réponse.
Toullier (2) dit que les Romains voulaient ainsi
s'assurer que la promesse était faite avec ré-
flexion, *serio et deliberato animo*. Nous préférons
dire que c'était là chez les Romains un formalisme
déraisonnable.

---

(1) Tome 2, n° 1061.
(2) T. vi, n° 14.

Tout cet exposé des principes élémentaires de la théorie générale des obligations était, comme on va le voir, nécessaire. Nous allons en faire l'application à la transaction, qui forme le sujet de notre thèse.

CHAPITRE II.

V. Définissons donc la transaction, et, à ce sujet, demandons-nous si c'est un pacte nu ou un contrat. Telle est aussi la première question que se pose Voët.

En droit romain, le mot *transaction* avait plusieurs sens. Dans son sens le plus large, il signifiait, toute conclusion définitive d'une affaire ; mais ce mot avait une autre acception plus précise et plus restreinte, et on l'employait particulièrement pour désigner la convention qui met fin à un procès commencé ou prévient un procès près de naître. « Qui transigit, » nous dit la loi 1, D., *de transact.*, « quasi de re dubia et « lite incerta neque finita transigit. » Dans ce dernier sens, qui est le seul exactement juridique, la transaction est traitée dans deux titres du corps de droit romain, l'un au Digeste, L. 2, tit. 15, l'autre au Code, L. 2, tit. 4.

La transaction, par application des principes généraux que nous venons de développer, doit être mise au nombre des pactes nus, si elle a eu lieu par le consentement nu ; au nombre des stipulations, si au consentement on a ajouté la forme de la stipulation ; au nombre des contrats innommés, si la décision qui avait été adoptée par les parties sur une chose douteuse, *nudo consensu*, a été confirmée par une dation ou par un fait exécuté par l'une des parties.

La transaction ne donnera donc lieu à aucune action dans le premier cas : les obligations qui en seront issues ne seront que naturelles; dans le second cas, elle donnera lieu à la *condictio certi* ou à la *condictio incerti*, et dans le troisième à l'*action præscriptis verbis* (L. 33, C., ḥ. t.), ou peut-être au temps classique et dans certains cas, à l'action de dol.

VI. Voyons maintenant quelles sont les conditions essentielles pour que nous puissions appliquer à un pacte le nom de transaction. Il faut la réunion de deux conditions : 1° qu'il y ait eu une chose donnée ou retenue, auquel cas il y a contrat innommé, ou du moins une chose simplement promise, auquel cas il y a simple pacte ; 2° qu'il y ait une chose douteuse, une contestation à terminer ou à prévenir, un *dubius litis eventus*, pour nous servir de l'expression des jurisconsultes romains.

La première condition revient à exiger, pour qu'il y ait transaction, que les parties se soient fait de mutuelles concessions.

Ce principe était certain en droit romain. La loi 38, au C. *de transact*, nous dit en effet : *Tran-*

sactio nullo dato, vel retento seu promisso minime procedit (1).

L'art. 2044 du Code civil ne mentionne que la seconde des conditions que nous avons énoncées. Domat l'a ici emporté sur Pothier, et c'est à lui qu'est due cette omission. Nous aurons plus tard à examiner si les rédacteurs du Code n'eussent pas mieux fait d'accepter la définition romaine. Quant à présent, il nous suffit d'avoir montré l'existence du principe en droit romain.

Une contestation née ou à naître peut être terminée de plusieurs manières : par une transaction, lorsque les parties se font des concessions réciproques; par l'acquiescement du défendeur à la demande, ce qui ne constitue pas une transaction, mais bien une reconnaissance de l'existence d'un droit non douteux en faveur de l'adversaire; par un désistement, ce qui est l'opposé de l'acquiescement; par une sentence, ce qui suppose que les parties n'ont pu s'entendre, et que, ne voulant pas se faire la moindre concession, elles ont plaidé. Enfin la contestation peut avoir été terminée par une délation de serment ; dans ce cas, l'une des parties s'en est remise à la bonne foi de son adversaire ; elle seule fait des concessions, puisque la décision du procès dépend désormais d'une affirmation ou d'une négation faite sous serment par son adversaire. La transaction se distingue donc des autres modes de mettre fin

______

(1) Adde l. 3, C., de repud. vel abstin, heredit.

à une contestation, par cette condition même de *l'aliquo dato, vel retento, seu promisso.*

VII. Nous avons dit qu'il fallait qu'il y eût contestation pour qu'il y eût transaction. Aussi ne pourra-t-on transiger *de re judicata*, ou plutôt on ne le pourra que jusqu'à ce qu'il ait été rendu une sentence définitive dont on ne puisse pas interjeter appel, ou contre laquelle il n'y ait pas lieu à la *restitutio in integrum*. Si cependant il y avait contestation sur l'existence même de la sentence ou sur sa validité, comme il pourrait encore y avoir procès, il y aurait lieu à transaction. Tel est le seul sens raisonnable que l'on puisse donner du texte si obscur de la loi 11, D., h. t. C'est ainsi, du reste, que l'interprète Vinnius, dont le passage mérite d'être cité : « Quin
« imo etsi nondum appellatum sit, dummodo
« appellari adhuc possit, nihilominus tamen de
« judicato transigere licet. Eo amplius si vocetur
« in dubium, an judicatum sit, an sententia va-
« leat, an provocari possit nec ne, transactio
« adhuc fieri potest. Cæterum ut transactio post
« rem judicatam interposita intelligatur nullas
« vires habere, necesse est ut sententia jure
« subsistat, nam ubi sententia non valet, nec ju-
« dicatum intelligitur ; veluti si sententia non
« contineat absolutionem aut condemnationem
« si a non competente judice lata sit, si manifes-
« tum errorem contineat calculi, si sine certa
« quantitate prolata, si pronuntiatum sit causa

« non cognita (L. 32, C., h. t.; L. 1, § ult. D. ad
« S. C. Tertyllian.). »

Si cependant une transaction ayant eu lieu *post
rem judicatam*, la partie condamnée avait payé
en exécution de la transaction, on imputerait ce
qu'elle aurait donné sur les sommes qu'elle devait *ex causa judicati* (L. 7, § 1 et 2, D., h. t.)

CHAPITRE III.

VIII. Aucune forme particulière n'est exigée
pour la validité de la transaction. Elle obéit aux
règles générales déjà exposées, et qui en font,
ainsi que nous l'avons vu, tantôt un pacte nu,
tantôt une stipulation, tantôt un contrat innommé
(L. 2, D., h. t.; L. 5 et 28, C., h. t.).

Lorsque le litige porte sur l'existence d'un droit
de créance, la transaction peut revêtir diverses
formes. Elle peut en effet rester à l'état de simple
pacte et ne produire que l'exception *pacti conventi* ; elle peut au contraire avoir été suivie d'une
acceptilation, qui s'opposera à toute espèce d'action de la part du prétendu créancier, sauf l'action résultant de la transaction elle-même ; mais
cette action sera fondée sur une obligation nouvelle et non sur l'ancienne qui a été éteinte par
acceptilation. Ce moyen n'est applicable que lorsqu'il s'agit d'obligation verbale. Mais toute autre
obligation pourra être ramenée à une obligation
verbis à l'aide de la stipulation Aquilienne (Ius.

tit., L. 3, t. 29, § 2). Ainsi donc nulle forme n'est exigée pour la validité du pacte de transaction ; mais comment en prouvera-t-on l'existence? Par toute espèce de moyens. Un écrit n'est donc pas absolument nécessaire. A cet égard, Voët se pose la question de savoir si une transaction est prouvée par un écrit qui en constate l'existence sans en rapporter les clauses. C'est avec raison que le célèbre jurisconsulte répond négativement à cette question. En effet, l'existence d'un pacte ou d'un contrat n'est prouvée qu'autant que l'on rapporte la preuve de toutes les conditions essentielles à ce pacte ou à ce contrat. Spécialement l'existence d'une transaction n'est prouvée qu'autant que l'on rapporte la preuve de l'*aliquo dato, vel retento, seu promisso*, et du *dubius litis eventus*. D'ailleurs, en supposant que le pacte qui est intervenu fût réellement une transaction, en quoi consistait-elle? C'est à quoi nous ne pouvons répondre. Dès lors nous ne saurions la faire exécuter.

IX. Paul nous apprend (L. 15, D., h. t.) qu'on avait l'habitude d'ajouter à la transaction la stipulation d'une clause pénale. Voyons quelle était l'utilité de cette clause pénale. Celui qui a stipulé cette peine pourra, lorsqu'il sera actionné au mépris de la transaction, soit demander l'exécution de le clause pénale, soit opposer l'exception *pacti conventi*, s'il y a eu simple pacte, ou bien enfin se défendre en disant que l'action de son adversaire est éteinte par la stipulation Aquilienne, si cette stipulation a eu lieu. Telle est la décision de la loi 40 au C., h. t., dont voici l'espèce : Vous prétendiez que je vous devais une certaine somme ; nous avons transigé. En exécution de cette transaction je vous ai compté une somme moindre que celle que vous prétendiez vous être due, puis nous avons fait une stipulation Aquilienne. Vous ne m'en demandez pas moins la somme à laquelle vous prétendiez tout d'abord avoir droit. Alors je suis libre de choisir entre deux partis différents : ou bien je prouverai que votre action est éteinte par la stipulation Aquilienne, et je vous forcerai de cette manière à exécuter la transaction ; ou bien je plaiderai, comme s'il n'y avait pas eu transaction et stipulation Aquilienne, et je réclamerai ensuite la clause pénale que vous avez encourue en m'actionnant au mépris de la transaction, tout aussi bien que la somme que je vous ai donnée et que vous retiendriez dorénavant sans cause, puisque je vous l'avais donnée pour éteindre un litige qui renaît.

Remarquons que la plupart du temps il vaudra mieux user de la seconde partie de l'alternative qui m'est laissée. En effet, le litige renaissant, je puis perdre ou gagner mon procès. Si je triomphe, il y a pour moi un bénéfice tout clair, je n'ai plus rien à craindre de votre action, je reprends ce que je vous ai donné et je reçois en même temps la clause pénale ; si au contraire je succombe, je gagne la différence entre le total de la clause pénale jointe à la somme que je vous avais donnée, et la somme à laquelle je suis condamné envers vous. Dans le cas très rare où cette différence serait en moins, je gagnerais toujours si le procès était jugé en ma faveur, et je perdrais une somme de peu d'importance si le procès était jugé contre moi.

Si une transaction étant intervenue entre vous et moi sans l'addition d'une clause pénale, vous poursuivez après ma mort mon héritier qui plaide sans exciper de la transaction, il pourra, quelle qu'ait été l'issue du procès, vous redemander par la *condictio sine causa* ce que je vous avais donné en exécution de la transaction.

X. Lorsqu'une clause pénale avait été stipulée *rato manente pacto*, le résultat d'une pareille stipulation était chez les Romains de donner au créancier le droit de demander l'exécution de l'obligation principale, et en outre la peine.

Nous venons de voir quel serait en matière de transaction l'effet de la stipulation d'une clause pénale, et nous avons dit que dans le cas où je serais actionné au mépris de la transaction, j'aurais un choix à faire entre l'exécution de la transaction, d'une part, et d'autre part le paiement de la clause pénale et la remise des choses en leur premier état, comme s'il n'y avait pas eu de transaction. Voyons maintenant quel serait mon droit en supposant cette clause pénale stipulée *rato manente pacto*. Je pourrais d'après les principes généraux demander : 1° l'exécution de la transaction, et j'éviterais ainsi tout procès au moyen de l'exception *pacti conventi*. « Qui fidem licitæ « transactionis rupit, » nous dit Hermogénien, L. 16, h. t., « non exceptione tantum summovebi- « tur. » 2° L'exécution de la clause pénale : « Sed « et pœnam, » continue le jurisconsulte, « quam « si contra placitum fecerit, rato manente pacto « stipulanti recte promiserat, præstare cogetur. » La même décision est donnée par la loi 17, C., h. t. : « Perspicis si quidem de his reddendis ma- « nente transactionis placito, statim stipulatione, « si contra fecerit, prospexisti : Quod et exceptio- « nem pacti et actionem datorum habeas, » disent les empereurs Dioclétien et Maximien.

XI. Nous avons vu à quoi sert la transaction par laquelle l'une des parties s'est fait promettre qu'on ne lui demanderait rien. Elle procure l'exception *pacti conventi*, qui devient même inutile quand il y a eu stipulation Aquilienne, puisque dans ce cas l'obligation est éteinte *ipso jure*. Demandons-nous maintenant quels sont les effets d'une transaction par laquelle je me suis fait promettre qu'on me paiera quelque chose. Elle ne donne point d'action si elle consiste en un pacte nu. Mais il est un moyen fort simple de pourvoir à ce manque d'action. Je puis en effet avoir recours à l'action que nous avons eu en vue d'éteindre moyennant l'exécution de la promesse qui m'a été faite, et si l'on m'oppose l'exception *pacti conventi*, je répondrai par la *replicatio doli mali*, en disant que je consens à voir la transaction s'exécuter, que mon adversaire est seul la cause de son inexécution, et qu'en conséquence je suis prêt à abandonner toutes mes prétentions moyennant l'exécution de son obligation (L. 28, C., h. t.).

De là il résulte que si la transaction est un pacte nu, elle a sur les autres pactes un grand avantage, puisque, à l'aide du détour que nous venons d'indiquer, on arrive au même résultat que si on avait une action en vertu de la transaction. Il est bien évident que ce détour ne serait pas possible si l'action que nous avons voulu éteindre par la transaction était réellement éteinte, soit par stipulation Aquilienne, soit par le laps de temps ; mais alors mon obligation de ne pas plaider serait complétement exécutée, et dès lors j'aurai l'action *præscriptis verbis* (L. 33, C., h. t.), ou peut-être au temps classique l'action *doli mali*. On se rappelle que M. Ducaurroy présume, et suivant nous avec raison, que la question de savoir, dans le cas du contrat *facio ut des*, si l'action *præscriptis verbis* devait être donnée, dépendait de l'analogie plus ou moins grande que le contrat innommé, dont il s'agissait, avait avec un des contrats nommés. Les empereurs Dioclétien et Maximien aperçoivent entre la vente et la transaction une analogie suffisante. Les prudents, eux aussi, avaient-ils aperçu une suffisante analogie entre ces deux cas ? Il nous semble qu'il est permis d'en douter.

CHAPITRE IV.

DES EFFETS DE LA TRANSACTION.

XII. La transaction est-elle translative ou simplement déclarative de propriété? Ce qui peut occasionner du doute, c'est qu'à l'égard de celui qui, après avoir soutenu que son droit était fondé, y renonce, la transaction constitue évidemment une aliénation; mais l'autre partie en faveur de laquelle est faite la renonciation, et qui prétendait également que son droit était fondé, n'entend pas qu'une aliénation soit consentie à son profit; à ses yeux, on ne fait que lui laisser ce qui lui appartient, que reconnaître le bien fondé de ses prétentions. Mais, dira-t-on, cette partie donne elle-même quelque chose à l'autre partie; quelle est donc la cause de cette dation, si ce n'est l'acquisition définitive de la chose objet du litige? C'est le prix de la paix, de la tranquillité, de l'absence de procès, dont l'issue eût pu être fatale à un droit d'ailleurs existant. « Est sola liberatio controversiæ, » dit Dumoulin, en parlant de la transaction. Celui qui est investi de la chose litigieuse par l'effet de la transaction est censé avoir acquis le désistement d'un procès sur la chose, plutôt que la chose même : « Transactio, dit d'Argentré, litem et « ambiguitatem dirimit; sed materiam prima- « riam juris non generat et subjectum a se non

« habet, sed aliunde mutuatur (1). » Deluca dit très bien : « Id quod transigens obtinet, non dici- « tur obtinere jure novo, sed jure primævo (2). »

Il peut cependant arriver que la transaction soit translative de propriété : il en sera ainsi toutes les fois que, pour obtenir le désistement de vos prétentions, je vous donnerai une chose autre que la chose litigieuse. A l'égard de cette dernière, la transaction ne sera jamais transla- tive de propriété.

XIII. Ce que nous venons de dire doit nous servir à décider la question de savoir si en ma- tière de transaction il peut y avoir lieu à l'obli- gation de garantie pour cause d'éviction. Lorsque l'une des parties a abandonné ses prétentions et laissé à l'autre la chose même qui faisait l'objet de la contestation, l'éviction de cette chose ne saurait donner ouverture à garantie : « Si tamen « res ipsas, nous dit la Loi 33, C., h. t., *in fine*, « apud te constitutas ob quarum quæstionem litis « intercessit decisio, fiscus vel alius a te vindi- « cavit : nihil petere potes. » Le renonçant, en effet, n'a pas promis la propriété de la chose liti- gieuse, il n'a même pas promis comme le ven- deur à l'acheteur, *ut rem emptori habere liceat.*

Il peut cependant se présenter une difficulté, qui apparaîtra plus clairement à l'aide d'une es- pèce : Primus et Secundus se disputent la pro-

---

(1) P. 1020, col. 2, n° 6.
(2) De feudis, disc. 47, n° 9, et de regalib., disc. 93, n° 9.

priété du fonds Cornélien que Secundus possède ; moyennant une somme d'argent qu'il reçoit de Secundus, Primus fait abandon de ses prétentions. Survient Tertius qui revendique la chose qui a été l'objet de la transaction entre les mains de Secundus qui, avons-nous dit, la possède; Tertius obtient gain de cause; Primus pourra évidemment revendiquer entre les mains de Tertius, car, d'une part, Tertius ne peut lui opposer la chose jugée entre lui et Secundus, c'est pour Primus *res inter alios judicata*; d'autre part, il ne peut lui opposer l'exception *pacti conventi* résultant de la transaction, car cette transaction ne peut produire d'effet qu'entre Primus et Secundus. Etant établi que Primus peut revendiquer entre les mains de Tertius, Secundus pourra-t-il l'obliger à user de ce droit? Evidemment non, car ce serait admettre dans une certaine mesure l'obligation de garantie, et les principes exposés plus haut s'y opposent. Mais Primus use volontairement de son droit, il revendique et obtient gain de cause : le voilà maintenant en possession de l'objet litigieux entre lui et Secundus, et sur la propriété duquel est intervenue la transaction. Il est évident qu'il serait inique, quoique Primus n'ait pas manqué au respect dû à la transaction, qu'il conservât, et la chose à la propriété de laquelle il a renoncé moyennant une somme d'argent, et cette somme d'argent. Aussi ne faut-il pas hésiter à décider que la *condictio sine causa* devrait être accordée à Secundus contre Primus.

Mais ne devrait-on pas aller plus loin et dire que Primus s'est, vis-à-vis de Secundus, engagé à faire baisser pavillon à ses prétentions devant celles de Secundus, qu'il doit continuer à être lié par la transaction, qui doit produire ses effets, que Secundus soit en possession et ait l'avantage de devoir jouer le rôle de défendeur dans la revendication, ou que Primus possédant Secundus doive *actoris partes obtinere?* Ce serait équitable. Mais l'eût-on admis à Rome? Et en supposant l'affirmative, par quelle action fût-on venu au secours de Secundus? Probablement par l'action *præscriptis verbis;* mais aucun texte, à notre connaissance, ne traite la question, qui, par conséquent, reste douteuse (1).

XIV. Quand l'une des parties donne à l'autre, pour prix de sa renonciation, une chose qui n'est pas l'objet de la contestation, la transaction est translative de propriété; d'où il suit qu'en cas d'éviction, garantie sera due à celui qui avait renoncé à ses prétentions, moyennant la chose dont il est évincé. Cette matière est tout entière réglée par la loi 33, C., h. t., qui, suivant Doneau, dont nous adoptons pleinement l'explication, ne peut être bien interprétée qu'en la combinant avec la loi 28, C., eod. tit.

Le principe que les empereurs présentent tout d'abord comme règle fondamentale, c'est que l'éviction n'autorise pas à considérer la transaction

---

(1) Arg. de la l. 21, D., de rei vind.

comme n'existant plus désormais et à recommencer le procès : *instaurari decisam litem prohibent jura*. En conséquence, s'il y a eu, à la suite de la transaction, la stipulation *si placita servari*, le transactionnaire évincé agira par l'action *ex stipulatu*, sinon on lui accordera l'action *præscriptis verbis*. Mais remarquons que si l'action qu'on a eu l'intention d'éteindre par la transaction subsiste encore, il sera impossible d'accorder l'action *præscriptis verbis*, puisque l'obligation de ne pas plaider, obligation *ad faciendum*, n'est pas encore complétement remplie ; nous nous trouvons encore en présence d'un simple pacte, lequel n'est pas encore devenu un contrat innommé. Il faudra donc alors, puisque la transaction est à l'état de simple pacte, avoir recours au détour indiqué par la loi 28. Le transactionnaire évincé agira par son action primitive : on lui opposera l'exception *pacti conventi*, à laquelle il répondra par la *replicatio doli*. Mais, dira-t-on, la loi 33 s'y oppose : *instaurari decisam litem prohibent jura*. Non, car la *replicatio doli mali*, ainsi que nous l'avons déjà expliqué, sera seulement pour le transactionnaire un moyen de faire exécuter la transaction. La loi 28 elle-même nous dit en effet : « Si « exceptio pacti opposita fuerit, doli mali vel in « factum replicatione usa, poteris ad obsequium « placitorum adversarium tuum urgere. » Mais il faut bien remarquer que ce détour ne devra être pris qu'autant que l'on n'aura pas d'autre moyen d'arriver au résultat qu'on se propose.

C'est ainsi que, s'il y a eu stipulation, l'action *ex stipulatu* sera toujours préférée à l'action primitive. Si, au contraire, il n'y a pas eu de stipulation, ou l'action primitive est éteinte, soit par stipulation Aquilienne , soit par le laps de temps , soit par tout autre moyen , auquel cas on donne l'action *præscriptis verbis* , ou au contraire cette action primitive existe encore, et alors on prend le détour indiqué par la loi 28.

XV. La transaction a , entre les parties , la même autorité que la chose jugée : « Non mino-« rem auctoritatem transactionum, » nous dit la loi 20 , C., h. t., « quàm rerum judicatarum « esse, recta ratione placuit. » Nous aurons souvent occasion de tirer de ce principe des conséquences importantes.

Nous savons quelles sont les actions auxquelles la transaction donne naissance, et nous allons nous occuper de la question de savoir à quelles choses elle s'applique. Ulpien nous dit à cet égard (L. 9, § 1, h. t.) : « Transactio quæcumque « sit, de his tantum, de quibus inter convenientes « placuit, interposita creditur. » L'application de cette règle générale donne lieu à certaines difficultés. Ainsi, la loi 29, C., h. t., nous dit : « Sub « prætextu specierum post repertarum, generali « transactione finita, rescindi prohibent jura. » Celui qui a transigé sur un ensemble de biens, par exemple, sur une hérédité, est donc censé avoir transigé sur chacune des choses particulières qui composaient cet ensemble. Les empereurs Dioclétien et Maximien font cependant une exception à ce principe, car la loi 29 continue en ces termes : « Error autem circa proprietatem « rei apud alium extra personas transigentium, « tempore transactionis constitutæ nihil potest « nocere. » La raison de cette exception est que, lorsqu'un héritier transige sur une succession, on admet qu'il transige sur les objets qui en sont connus et inconnus, mais on n'entend pas qu'il comprenne dans la transaction ce qu'il croit ne pas faire partie de cette hérédité.

Une difficulté semblable se présente dans l'espèce de la loi 12, D., h. t. Une personne a transigé en général sur les legs qui lui étaient faits dans un testament. Elle prétend ensuite n'avoir entendu transiger que sur ceux qui étaient contenus dans la première partie de ce testament, et non sur ceux compris dans la seconde. Cette prétention, nous dit avec beaucoup d'énergie le jurisconsulte, ne peut pas être admise ; *non est ferendus*. Si, au contraire, postérieurement à l'époque où la transaction a été faite, on présentait un codicille inconnu à cette époque, celui qui a transigé pourrait dire avec raison qu'il n'a entendu transiger que quant aux legs contenus dans le testament, seul acte de dernière volonté du défunt connu au moment de la transaction. Cette seconde décision de Celse est approuvée par Scévola dans la loi 3, § 1, h. t.

XVI. A qui la transaction profite-t-elle ? A quelles personnes peut-elle nuire ? La première de ces questions se trouve résolue dans la loi 3, § 2, D., h. t., et dans la loi 1, C., h. t.

Il résulte de ces textes que la transaction ne peut profiter qu'aux contractants et à leurs héritiers. La même réponse doit être faite à la seconde question, ainsi que nous l'apprend la loi 3, D., h. t. La transaction n'est opposable qu'à ceux qui y ont été parties.

Nous ne pouvons passer sous silence l'espèce dont s'occupe cette loi 3, parce qu'elle prouve qu'à certains égards il existe des différences entre les transactions et la chose jugée. Une mère omise dans le testament de son fils, et ayant à ce titre la *querela testamenti inofficiosi*, transige avec l'héritier institué, qui lui abandonne l'hérédité moyennant une certaine somme. Le testament eût été rescindé par la sentence du tribunal centumviral. Le même effet n'est pas produit par la transaction, et l'héritier institué étant poursuivi par les légataires, ne peut la leur opposer. Il aurait pu, au contraire, leur opposer la sentence. Cet héritier sera tenu d'exécuter les legs ; c'était à lui, en transigeant sur l'hérédité, de bien examiner quelles étaient les charges héréditaires ; s'il ne l'a pas fait, sa négligence ne peut préjudicier aux tiers.

En ce qui touche, au contraire, les créanciers de l'hérédité, pareille transaction leur serait-elle opposable ? D'une part l'*heres scriptus* a fait adition par le seul fait de la transaction ; d'autre part, l'*heres legitimus* est en possession des biens héré-

ditaires, et peut-être était-il le véritable héritier.
Qui nous dit, en effet, qu'il ne fût pas sorti victo-
rieux de la *querela testamenti inofficiosi?* En principe, la transaction ne peut évidemment leur être
opposés, mais reste toujours la question de savoir
quel est leur débiteur et contre qui ils doivent
intenter leur action. La loi 14, D., h. t., décide
que dans le doute et à cause de l'incertitude qui
règne sur la succession, *propter incertum succes-
sionis*, il faudra accorder aux créanciers des actions utiles et contre *l'heres scriptus* et contre
l'heres legitimus pour la portion de l'hérédité que
la transaction attribue à chacun d'eux, de telle
sorte que si *l'heres legitimus* a obtenu par la
transaction la totalité de l'hérédité sous l'obligation de payer une certaine somme à *l'heres scriptus*,
les créanciers ne pourront poursuivre que *l'heres
legitimus* par des actions utiles.

XVII. Est-ce là une antinomie entre la loi 3 et
la loi 14 de notre titre au Digeste, et le jurisconsulte Scévola aurait-il professé dans ses réponses
une opinion contraire à celle qu'il avait adoptée
dans son Digeste? Nous pensons avec Struve (1)
que les deux textes prévoient deux cas fort différents, auxquels on doit dès lors appliquer des
principes différents. Dans le premier cas, en effet,
le droit des légataires, des fidéicommissaires et
des affranchis dépend du testament et fût tombé
avec lui si le testament eût été rescindé. Mais au

____

(1) Immo Gothofredi, ad tit. de transact.

moins la rescision du testament par suite de la *querela testamenti in officiosi* leur eût offert des garanties qui leur sont enlevées. Indépendamment de la présence de la justice, ils auraient eu le droit d'intervenir dans l'instance pour soutenir la validité des dernières volontés du défunt et ils auraient même pu interjeter appel de la sentence qui leur eût été défavorable (L. 29, D., *de inoff. testam.*). Le testament n'est pas exécuté par suite d'une transaction. La transaction ne leur est pas opposable, et comme en aucun cas ils ne peuvent avoir d'action contre l'*heres legitimus*, puisque la nature même de leur droit s'y oppose, il faut bien qu'ils aient action contre l'*heres scriptus*, qui, s'il n'a pas pris ses garanties, ne pourra imputer qu'à lui seul la négligence qu'il aura commise. Les créanciers, au contraire, avaient un droit tel qu'ils auraient pu agir tout aussi bien contre l'*heres legitimus* que contre l'*heres scriptus*, d'où il suit qu'il est tout naturel de leur accorder des actions utiles soit contre l'un et l'autre tout à la fois, soit contre celui des deux qui possède effectivement l'hérédité, et cela à cause de l'incertitude qui, par suite de la transaction, règne sur la question de savoir quel est le véritable héritier.

XVIII. Le fiduciaire peut-il transiger sur les choses qu'il est chargé de restituer conditionnellement, de telle sorte que la transaction par lui consentie soit opposable au fidéicommissaire? Cette question n'est décidée par aucun texte po-

sitif, aussi a-t-elle été de la part des interprètes
l'objet des plus vives controverses. Si l'on admet
que pour pouvoir transiger il faut avoir la faculté
d'aliéner, on arrive de toute évidence à décider
la question négativement : « Sed hoc argumen-
« tum, dit Fusarius (1) (quod si non licet alienare
« non etiam licet transigere) esse falsum probant
« doctores, qui volunt licere transigere, quando
« est prohibita alienatio, si fiat bona fide ; præ-
« terea contrarium probatur in lege *præses* 12,
« C. *de transact.*, ubi habetur, quod qui non po-
« test alienare potest tamen bona fide transigere ;
« quod dixit et Peregrinus. » La transaction
étant souvent le moyen le plus raisonnable de
mettre fin à une contestation dont le résultat incertain pourrait tourner au préjudice de celui
qui transige, la plupart des interprètes la consi-
déraient donc comme un mode particulier d'aliénation qui ne devait pas être prohibée aussi
strictement pour le fiduciaire que les autres
espèces d'aliénation, pourvu qu'elle eût été faite
de bonne foi et qu'elle ne déguisât pas l'abandon
frauduleux d'un droit certain. Cette opinion est
particulièrement soutenue par Voët et par Doneau. Il faut cependant avouer que les textes
manquent au soutien de cette décision. Le
seul texte que Voët invoque en sa faveur est la
loi 17, D., h. t., dont le célèbre interprète tire un
argument *a contrario*. Mais les autres raisons dont

---

(1) De substitutionibus, quest. 862, n° 7.

il s'appuie ont tant de vraisemblance, la réfutation par laquelle il combat le système de ses adversaires est si pressante et si vive, qu'après avoir longtemps hésité sur le parti à prendre, nous avons cru devoir adopter son opinion.

La transaction faite par l'un des intéressés est pour les autres *res inter alios acta*. Si donc celui qui avait transigé sur un droit qu'il avait de son chef, acquiert un droit semblable et opposable à la même personne ou ayant pour objet la même chose que le droit dont il a disposé par transaction, cette transaction ne lui sera pas opposable lorsqu'il voudra user du droit nouvellement acquis (L. 9, D., h. t.). Mais si je suis le successeur d'autrui et que je ne puisse avoir de droit qu'autant que celui auquel j'ai succédé en avait, en d'autres termes, si je suis ce qu'on appellerait dans notre droit un ayant cause, héritier, acheteur, donataire, etc., en vertu du principe que nul ne peut transférer plus de droits qu'il n'en a, la transaction faite par celui aux droits duquel je succède me sera opposable. C'était là un principe tellement incontestable que Papinien, dans la loi 17, D., h. t., va jusqu'à protéger par l'exception *pacti conventi*, le tiers qui, ignorant la transmission des droits, a de bonne foi transigé avec leur ancien titulaire.

CHAPITRE V.

DE LA RESCISION DES TRANSACTIONS.

XIX. Nous avons dit précédemment que la transaction, quant à son autorité, est assimilée à la chose jugée : « Non minorem auctoritatem. « transactionum, » nous dit la loi 20, C., h. t., « quam rerum judicatarum esse recta ratione « placuit. Si quidem nihil ita fidei congruit hu- « manæ, quam ea quæ placuerant custodiri. » Ce principe se retrouve du reste dans les lois 10, 16 et 39 du même titre du Code. Mais quelle que soit l'autorité de la transaction, il est néanmoins certains cas où elle peut être rescindée. Faut-il admettre au nombre des causes de rescision qui peuvent lui être appliquées la découverte postérieure de titres nouveaux ? Cette question doit se résoudre par une distinction. La transaction conservera toute sa valeur si, au moment où elle a été faite, ces titres, nouvellement découverts, étaient complétement ignorés des parties. Si, au contraire, l'une des parties les a retenus dans l'intention de surprendre ainsi le consentement de son adversaire, la transaction ne conservera plus son autorité. En conséquence, l'action pourra encore être intentée si elle n'est pas éteinte par le laps de temps et si on oppose au demandeur l'exception *pacti conventi*, il répondra par la *replicatio doli*. Mais si nous supposons que l'action soit éteinte par prescription, celui qui a ainsi renoncé à cette action pendant qu'il pouvait l'intenter, aura actuellement l'action de dol, qui durera, selon les principes ordinaires, une année utile, et depuis Constantin un délai continu que Justinien a fixé à quatre années. Ce délai commencera à courir du jour de la découverte des titres retenus (L. 19, D., h. t.). Il en serait de même si, à la transaction, on avait ajouté la stipulation Aquilienne suivie d'acceptilation pour éteindre l'action (L. 4, C., h. t.).

Celui qui a à se plaindre du dol avait-il, au contraire, transigé pour éviter une action qui, aujourd'hui, est démontrée n'avoir pas eu de fondement, et avait-il, dans ce but, transféré la propriété de certains objets, il aura contre son adversaire, après la découverte des titres que celui-ci retenait, la *condictio sine causa*. La rescision de la transaction, quelle qu'en soit la cause, aura toujours lieu dans les formes que nous venons d'exposer. Il ne nous reste donc plus qu'à dire quelles sont les autres causes de rescision.

XX. Ce sont la fausseté reconnue des titres en vue desquels la transaction a eu lieu (l. 42, C., h. t.), la violence réunissant tous les caractères exigés par l'édit du préteur (l. 13, C., h. t.), et le dol (l. 9, § 2, D., h. t.). Il est bien entendu que les mineurs de vingt-cinq ans conserveront toujours le droit de se faire restituer *in integrum*, s'ils ont été lésés, et si cette lésion est de quelque importance, à moins toutefois, qu'ils n'aient transigé *curatore consensum præbente* ou qu'ils n'aient obtenu de l'Empereur la *venia ætatis* antérieurement à la transaction.

XXI. La lésion énorme ou lésion d'outre-moitié, comme on la nommait dans notre ancienne jurisprudence, n'était pas à Rome une cause de rescision des transactions. Trois textes nous serviront à le démontrer : c'est d'abord la loi 78, § 16, D., *ad sc. Trebell.*, qui suppose une lésion des trois quarts dans une restitution d'hérédité opérée par un fiduciaire et qui donne action au fidéicommissaire contre ce fiduciaire, *si non transactum esset*, s'il n'y a pas eu de transaction. En outre, la loi 23, C., h. t., et la loi 65, § 1, D., *de condict. indebiti*, supposent une lésion du tout, puisqu'elles supposent qu'un prétendu débiteur a transigé avec un prétendu créancier sur une obligation qui n'existait pas, et que par suite de la transaction il a payé une certaine somme. Ces lois décident que dans ce cas la *condictio indebiti* pourra être repoussée par l'exception *pacti conventi*, pourvu qu'il n'y ait de la part du créancier aucun dol qui puisse donner naissance à la *replicatio doli*. Cette décision est raisonnable, car il ne faut pas créer des procès à l'occasion d'une convention intervenue pour les prévenir ou pour y mettre fin, et cela se comprend d'autant mieux que la transaction, comme nous l'avons dit, est assimilée à la chose jugée. Or, la chose jugée ne peut être attaquée pour cause de lésion, même énorme. Ce principe avait même été poussé trop loin par les jurisconsultes romains. Ainsi, ils n'admettaient pas la répétition de l'indu dans les cas où le prétendu créancier aurait eu l'une des actions qui se donnaient *in duplum contra inficiantem* (1). La raison qu'ils donnaient de cette prohibition était que le prétendu débiteur avait payé le simple pour éviter la condamnation au double, et que dès lors il y avait une espèce de transaction qui devait s'opposer à la répétition de l'indu. C'est par suite de ces mêmes principes qu'on n'admettait jamais à Rome la répétition de ce qui avait été payé *ex causa judicati* (2).

CHAPITRE VI.

SUR QUELLES CHOSES ON NE PEUT TRANSIGER.

XXII. « Cum hi, quibus alimenta relicta erant, » nous dit Ulpien (l. 8, pr., D., h. t.), « facile tran-
« sigerent, contenti modico præsenti ; Divus
« Marcus oratione in senatu recitata effecit, ne
« aliter alimentorum transactio rata esset quam
« si auctore prætore facta. Solet igitur prætor
« intervenire, et inter consentientes arbitrari,
« an transactio, vel quæ admitti debeat. »

Si l'on s'en tenait à ce texte, on pourrait croire que l'autorisation du préteur devait, en matière d'aliments, intervenir dans tous les cas possibles,

----

(1) Inst., lib. 3, tit. 27, § 7, de obligat. quasi ex contractu.
(2) V. L. 28, § 1, D., quæ in fraudem.

soit qu'il s'agit d'aliments échus, soit qu'il s'agit
d'aliments à venir, et quelle que fût aussi la nature du titre sur lequel se fondait le droit du
créancier alimentaire. Mais la disposition du § 2
de la loi 8, D., h. t., vient restreindre dans sa généralité celle du *principium*. Il résulte, en effet, de
ce paragraphe que l'autorisation du préteur n'est
nécessaire qu'autant que les aliments sont dus,
soit en vertu d'un testament, soit en vertu d'un
codicille ou d'une donation à cause de mort.
« Hæc oratio pertinet ad alimenta quæ testamento
« vel codicillis fuerint relicta, sive ad testamen-
« tum factis, sive ab intestato. Idem erit dicen-
« dum etsi mortis causa donata fuerint, ab eo
« cui mortis causa donata sunt relicta. Sed et si
« conditionis implendæ gratia relicta sunt, ad-
« huc idem dicemus. Plane de alimentis quæ
« non mortis causa donata sunt, licebit et sine
« prætore auctore transigi. » Et Voët indique ,
dans les termes suivants le motif de la loi : « Ne
« hi quibus alimenta relicta, nimis temere tran-
« sigant et lucri præsenti illecebra invitati, mo-
« dico contenti sint; utque ita pia et provida
« testatoris alimoniam concedentis, voluntas
« subvertatur (1). » Il résulte de là que si les aliments sont dus en vertu d'un contrat ordinaire,
non causa mortis, le créancier a toute liberté pour
transiger. « Neque enim, « dit Voët (2), » hoc casu

---

(1) Ad Pandect., de transact., quest. 14.
(2) Eod. opere, quest. 14.

« quisquam alieno sed suo tantum juri renuntiat,
« et naturale est unumquodque eo genere dis-
« solvi quo colligatum est. »

Mais une seconde restriction résulte de la loi 8,
C., h. t., qui dispose en ces termes : « De alimen-
« tis præteritis si quæsti deferatur, transigi po-
« test ; de futuris autem sine prætore seu præ-
« side, interposita transactio nulla auctoritate
« juris censetur. »

Et c'est encore à Voët que nous sommes rede-
vables de l'interprétation de cette disposition.
Quand il s'agit d'aliments échus, dit le jurisconsulte, on peut transiger valablement, sans avoir
recours au préteur (1) : « Quod hæc alimentorum
« naturam habere desierunt, et simplicis legati
« habuerunt conditionem adeoque nec alimen-
« torum jure censeri debent : non enim in præ-
« teritum vivit aut alendus est. »

Ainsi, d'une part, examen de la nature du
titre sur lequel se fonde le droit de l'alimentaire,
et distinction entre les actes à cause de mort et
les actes ordinaires, les premiers emportant
comme conséquence la nécessité de l'autorisation du préteur; d'autre part, distinction entre les
aliments échus et les aliments à venir, et, dans
ce dernier cas, encore obligation pour les parties
de recourir à l'intervention du préteur; tel est
le résumé de la doctrine romaine en ce qui concerne la transaction sur aliments.

---

(1) Eodem loco.

XXIII. Une autre question se présente, à laquelle les jurisconsultes romains répondaient par une solution que l'on pourrait critiquer à plus d'un titre. Je veux parler de la question relative aux transactions ayant pour objet les délits.

Chez les Romains, les délits se divisaient en plusieurs classes : la première comprenait les délits privés, *delicta privata:* le *furtum*, l'injure, le *damnum injuria datum*, le rapt; la seconde, les délits publics, qui se divisaient eux-mêmes en délits emportant la peine capitale et délits n'emportant pas la peine capitale.

Jamais la transaction ne pouvait avoir lieu sur un délit à venir, quelle que fût, du reste, sa gravité et qu'il s'agît d'un délit privé ou d'un délit public. « Non etiam licita de futuris delictis aut « dolo futuro transactio, quippe ad delinquen- « dum invitans. » Telles sont les expressions dont se sert Voët dans ses commentaires sur le titre que nous expliquons (1). Quant aux délits passés, continue le jurisconsulte, *de præteritis vero delictis*, il faut distinguer. S'agit-il, en effet, de délits privés, la transaction ne peut porter que sur l'intérêt pécuniaire; elle ne peut éviter à l'accusé l'infamie résultant contre lui du méfait qu'il est censé avoir avoué par le seul fait de la transaction. « Eatenus permissa est, ut pecunia- « riæ pœnæ tollatur obligatio, non item ut et in- « famia evitaretur. »

---

(1) Quest. 16.

Ainsi pour les délits privés, peine pécuniaire, qui peut disparaître par l'effet de la transaction ; mais la transaction sera impuissante à soustraire le coupable à l'infamie qu'il a encourue.

Pour ce qui regarde les crimes publics, il faut faire une sous-distinction. Emportent-ils la peine capitale, ils peuvent être l'objet d'une transaction, excepté pourtant le crime d'adultère. Échappent-ils, au contraire, à cette peine si sévère, aucune transaction ne peut avoir lieu sur eux, à moins pourtant qu'il ne s'agisse du crime de faux. Si maintenant nous examinons quelles peuvent être les raisons des principes que nous venons de poser et des exceptions qu'ils comportent, nous trouvons que Voët et Vinnius s'accordent en tous points sur l'explication du premier. « De capitali- « bus sane criminibus, pœnam sanguinis non « mortem civilem irrogantibus, transactio per- « missa fuit : visum namque ignoscendum esse « ei qui sanguinem suum qualiter qualiter re- « demptum voluit (1). » Ce motif n'existant pas pour les crimes non sujets à la peine de mort, une autre règle devait leur être appliquée.

De tous les crimes publics emportant la peine capitale, l'adultère était le seul qui ne pût deve- nir l'objet d'une transaction, et Voët vient encore ici nous donner de cette exception une raison aussi naturelle que concluante. « Ratio exceptio- « nis est, » nous dit le célèbre interprète, « quod

______

(1) Voët, ad Pand., de transact., quest. 18.

« in lenocinii crimen incidat de eo transigens, et
« cum paucæ tantum personæ ad hujus criminis
« accusationem admissæ sint, iis per transactio-
« nem silentibus, facile crimen fœdissimum ma-
« neret impunitum (1). »

On peut s'expliquer facilement que le faux ait
été, de la part du législateur, l'objet d'une disposition spéciale, et que, contrairement aux
autres crimes publics n'emportant pas la peine
capitale, il puisse être soumis à une transaction
« Neque ratione caret illa de falso transigendi
« licentia ; nam licet pœna sanguinis hominibus
« liberis non fuerit regulariter irroganda ; in
« servis tamen ultimum supplicium ex falsi cri-
« mine obtinuit. Cum vero nemo de suo statu
« ita certus esse potuerit, posita præsertim non
« rara apud Romanos partuum suppositione, in-
« fantum servilium plagio, recens natorum expo-
« sitioni et similibus ; atque adeo fieri potuerit,
« ut liberum se credens pro libero se gerens, pro-
« bata dein servili conditione, servili fuisset
« afficiendus supplicio. Probabile est et tran-
« sactionem de falso ea de causa fuisse excep-
« tam (2). »

XXIV. Gaïus nous dit, dans la loi 6, D., h. t.,
qu'on ne peut transiger sur les contestations
qui naissent d'un testament, qu'après avoir pris
connaissance des termes de ce testament, *nisi
inspectis cognitisque verbis testamenti.* Doneau,

---

(1) Voët,, ad Pandect., de transact., quest. 18.
(2. Eod. opere, quest. 17.

dans l'explication qu'il donne de ce texte, dit que la raison de cette prohibition se trouve bien plutôt dans la nature des choses que dans les principes du droit. « Natura rerum hæc transac- « tio excluditur, non prohibitur jure. » Et en effet, dit le jurisconsulte, si un légataire, après avoir reçu de l'héritier une certaine somme, lui a fait remise du reste, sachant bien pourtant qu'il lui était dû davantage, il fait évidemment dona- tion du surplus à cet héritier, mais il ne transige pas. « Si sciens prudens totum ita remisit, ut « quamvis plus esset quam accepit in præsentia, « constitueret nihil amplius petere, etc. »

Si nous supposons en second lieu que le léga- taire n'a reçu ce que lui donnait l'hériter que parce que celui-ci lui disait qu'on ne lui avait rien légué de plus, il reçoit en paiement ce qui lui est donné, mais il ne transige pas : « Si ideo « accipit, quia hæres non plus legatum esse dicit, « reliquum hæredi non remittit quia quod ac- « cipit, accipit solutionis causa quasi deberetur; « non transigit autem qui a lite non discedit. » A côté de cette explication se place celle que donne Voët(1) : « Nec recte quisquam in transigendo huic « tabularum inspectioni renuntiat, » dit le cé- lèbre interprète, « cum suo quidem favori unum- « quemque renuntiare, leges sinant, et non juri « tertii, jurive publico; quod hic contingeret, « dum inspectionem requiri diximus, ne temere « subverteretur testatoris judicium, neve testa-

____

(1) Ad Pand., de transact , quest. 12 et 13.

« menta defunctorum occultarentur, quæ exitum
« habere, testatoris et publici interest. »

Voët et Doneau arrivent donc au même résultat, quoique par des voies opposées. Mais, quoi qu'il en soit de la justesse de leurs explications, Cujas pensait différemment et ne voyait dans le texte attribué à Gaïus qu'une des nombreuses interpolations par lesquelles Tribonien a altéré les textes qu'il était chargé de transcrire. Aussi, dit-il, en parlant de cette loi : « Hujus legis falsa
« est sententia si transigendi verbum ad conventa
« referas ; cur enim non licebit transigere de
« legato etiam non inspecto testamento (L. 1, D.,
« de Transact.; L. 78, § 16, ad. sc. Trebell.) (1). »

XXV. Il ne nous reste plus qu'à dire quelques mots des transactions qui ont pour objet les questions d'état, la liberté, l'ingénuité, le droit de famille, et nous nous référons complétement pour ce qui concerne cette question au jurisconsulte qui nous a déjà tant de fois servi de guide, à Voët, qui, dans ses commentaires, question 10ᵉ, s'exprime en ces termes : « Nec dubium mihi quin
« et de ipsa status quæstione, ideoque libertatis,
« ingenuitatis, aut familiæ jure recte transigatur,
« licet enim privata pactione nec vere servus
« liber fieri possit, nec vere liber in servilem
« transferri conditionem, quominus tamen tran-
« sigentium intuitu pro libero aut servo habeatur
« nihil vetat ; transactione inter solos transi-
« gentes, non etiam aliorum intuitu operante. »

____

(1) Ad legem 1, D., de transact.

TITRE II.

DES TRANSACTIONS EN DROIT FRANÇAIS.

(Code Nap., art. 2044 à 2058.)

CHAPITRE Ier.

DU CONTRAT DE TRANSACTION, DE SA NATURE ET DE SES CARACTÈRES.

XXVI. Chez nous, comme chez les Romains, le mot *transaction* comporte deux idées et revêt deux significations qu'il importe de bien distinguer. Tantôt, en effet, il s'applique à la conclusion définitive de toute affaire, à ces mille négociations que font naître chaque jour entre les hommes les rapports si variés de la vie sociale; c'est dans ce premier sens que nous l'employons souvent, quand nous parlons de la faveur plus ou moins grande accordée aux transactions commerciales. Mais, plus souvent encore, le mot *tran-*

saction nous apparaît avec une signification plus restreinte ; il cesse alors d'embrasser dans sa généralité toutes les espèces de conventions, pour s'appliquer uniquement à une convention spéciale que le Code définit (art. 2044) : « celle par « laquelle les parties terminent une contestation « née, ou préviennent une contestation à naître. » C'est sous ce dernier aspect que nous allons étudier la transaction, et sans examiner d'abord ce que peut avoir d'incomplet la définition que nous venons d'emprunter au Code, nous examinerons quels sont les caractères communs entre la transaction et les autres contrats ; puis, nous passerons aux qualités qui la distinguent et lui assurent une place à part.

XXVII. La transaction comme la vente est un contrat synallagmatique, c'est-à-dire engendrant de part et d'autre, entre les parties, des obligations réciproques. Tout incontestable que soit ce principe, certains esprits, trompés sans doute par le caractère particulier de l'une des obligations auxquelles la transaction donne naissance, ont cru pouvoir attribuer à ce contrat le caractère de contrat unilatéral. Dans la plupart des cas, en effet, l'obligation de l'un des contractants est toute négative, et consiste uniquement à ne pas renouveler le procès éteint par la transaction. Mais ce n'en est pas moins là une obligation véritable, et protégée comme toute autre par une sanction qui en assure l'exécution. Cependant les partisans du système contraire n'ont voulu voir là qu'une absence de droit, et, sans s'apercevoir qu'ils arrivaient ainsi à la négation absolue de toute obligation de ne pas faire, ils ont essayé de soutenir que dans la plupart des cas, si ce n'est toujours, la transaction est un contrat unilatéral. Un semblable système se réfute de lui-même; aussi ne croyons-nous pas devoir nous y arrêter plus longtemps.

Au premier caractère dont nous venons de parler, s'ajoutent, dans la transaction, les deux caractères de contrat à titre onéreux et de contrat commutatif. Le second seul exige de notre part quelques développements. Quelques auteurs, en effet, et parmi eux M. Marbeau, dans son Traité sur les transactions, page 4, présentent la transaction comme un contrat tout à la fois commutatif et aléatoire. Mais ce sont là deux qualités inconciliables. Qu'est-ce, en effet, qu'un contrat aléatoire, sinon celui dans lequel chacune des parties reçoit un avantage, qui peut-être sera inférieur, peut-être égal, peut-être supérieur à celui qu'elle procure, en sorte qu'aucune des parties ne peut savoir en contractant de quel côté sera le gain ou la perte? Et quelle transaction a jamais présenté ce caractère d'éventualité et d'incertitude qui subordonne aux chances de l'avenir le résultat du contrat? La transaction n'a-t-elle pas précisément pour but d'éviter cet *alea* que l'on rencontre dans le contrat aléatoire? Ne procure-t-elle pas à chacune des parties un avantage qui est *a priori* supérieur, égal ou inférieur à celui qu'elle fait à l'autre? Laissons donc de côté une opinion qui ne peut être, dans l'esprit de notre honorable et savant confrère, que le résultat d'une analyse trop subtile et trop scrupuleuse, et après avoir ainsi rétabli la vérité des faits, examinons quels sont les caractères qui constituent plus spécialement le contrat de transaction.

XXVIII. En définissant la transaction : un contrat par lequel les parties terminent une contestation née ou préviennent une contestation à naître, les rédacteurs du Code n'ont pas cru devoir ajouter : *à l'aide de concessions réciproques.* Ils ont supprimé la condition de l'*aliquo dato, seu retento, vel promisso,* expressément demandée par la loi 38, C., h. t. Les rédacteurs du Code ont commis en ce point une erreur dont il faut rejeter toute la responsabilité sur le jurisconsulte qui leur servait de guide, sur Domat, qui sur ce point s'est montré analyste moins judicieux que les textes du droit romain. Voici le passage de Domat qui a causé l'imperfection de la définition donnée par les rédacteurs du Code : « Ce qui est
« dit dans cette loi 38, au Code, *de transactionibus,*
« qu'il n'y a pas de transaction, si l'on ne donne
« et ne promet rien, ou si l'on ne retient quelque
« chose, ne doit pas être pris à la lettre, car on
« peut transiger sans rien donner et sans rien
« promettre, ni rien retenir. Ainsi celui qu'on
« prétendrait être caution d'un autre pourrait
« être déchargé de cette demande par une tran-

« saction, sans que de part ni d'autre il fût rien
« donné, rien promis ni rien retenu (1). » On
voit que Domat se borne à affirmer sans discu-
ter, ou plutôt pour tout argument il donne un
exemple; or, ce n'est pas là un exemple de transaction: c'est un exemple de remise de la dette accordée à la caution, et quoique le droit de celui qui en
fait abandon fût peut-être incertain, il n'y a pas
transaction, il y a libéralité, abandon gratuit d'un
droit certain ou incertain, remise de la dette en un
mot, ainsi que nous venons de le dire. Nous n'hé-
sitons donc pas à préférer la décision romaine.

Ainsi, d'une part, question douteuse, contestation à prévenir ou à terminer, et d'autre part réciprocité de sacrifices, tels sont les deux éléments
constitutifs de toute transaction.

XXIX. Mais comment faut-il entendre cette première condition d'un doute existant entre les parties? Pour qu'elles puissent transiger valablement
sur une question quelconque, est-il nécessaire
que les juges en soient déjà saisis ou même doivent
en être indubitablement saisis? Non évidemment.
Y a-t-il doute et peut-on craindre qu'un jour ou
l'autre les tribunaux soient appelés à décider?
telle est la seule question que doivent se poser les
parties. Cette condition une fois remplie, il y a
lieu à transaction. Et d'ailleurs l'institution si
éminemment utile des tribunaux de paix, l'obligation pour les parties de se soumettre au préli-
minaire de conciliation, tout ne nous montre-t-il

____

(1) Traité des lois civiles, liv. 1, tit. 13, sect. 1, n.º 11.

pas qu'aux yeux du législateur le véritable but de la transaction est de prévenir les procès à naître bien plutôt encore que de terminer les procès entamés ?

Si les parties, simulant une crainte apparente sur un droit qui n'était pas susceptible de contestation, ont voulu déguiser sous la forme d'une transaction une convention qui dans la réalité comporte un autre caractère, les juges dans ce cas n'hésiteront pas à appliquer la maxime bien connue : « Plus valet quod agitur quam quod simulate concipitur; » et dépouillant ainsi la convention de la fiction trompeuse sous laquelle se cachait son véritable caractère, ils lui attribueront les effets d'un partage, si c'est un partage; d'une vente, si c'est une vente, etc.

Mais ce n'est pas sans de graves motifs, bien entendu, que les juges se détermineront à déclarer le droit tellement certain qu'il ne pouvait faire l'objet d'une contestation. Les passions des parties, leurs préjugés, le point de vue auquel elles se sont placées, tels sont les éléments sur lesquels un juge prudent devra baser son appréciation. Qu'il s'oublie lui-même en pareille circonstance pour s'identifier autant que possible avec ceux entre lesquels il est appelé à décider, et il n'aura fait qu'appliquer la maxime si sage déjà proclamée par les jurisconsultes romains : *Plus est in opinione quam in veritate.*

XXX. La transaction, nous l'avons dit, est un contrat commutatif donnant lieu à un sacrifice de la part de chacune des parties envers l'autre. Ce sacrifice peut consister soit dans une dation, soit dans une promesse faite par l'une des parties à l'autre, soit enfin dans une retenue. *Hinc et inde dari aut retineri necesse est*, disait le président Favre. Et en effet, si le sacrifice n'avait lieu que d'un seul côté, l'opération intervenue entre les parties pourrait bien être telle ou telle, sans que jamais on puisse lui donner le nom de transaction. Tel est, du reste, le principe que consacrent la loi 38, C., h. t., et la loi 3, au Code, *de repudianda vel abstinenda hœreditate*. Un héritier avait renoncé à titre de transaction, *transigendi animo*, aux droits qu'il pouvait avoir sur la succession de son père, et ce, sans aucune compensation. La transaction est nulle, répondent les empereurs Dioclétien et Maximien dans le dernier texte cité, parce que si l'on voit bien d'une part l'héritier faire le sacrifice de ses droits héréditaires, on ne rencontre chez l'adversaire aucune réciprocité de sacrifice.

Est-ce à dire cependant que l'une des parties ne pourrait pas abandonner beaucoup, tandis que l'autre se relâcherait fort peu de ses prétentions? Non évidemment. Je puis très bien donner cent à la condition de retenir mille, et mon adversaire aura néanmoins retiré de l'arrangement intervenu entre nous un avantage très appréciable, la libération du procès, *liberatio controversiæ*, suivant l'expression de Dumoulin.

Ces prémisses posées, nous allons résumer dans.

une définition les différents caractères de la transaction ; nous chercherons ensuite à la distinguer de tous les contrats qui s'en rapprochent et avec lesquels elle pourrait se confondre,

XXXI. La transaction, d'après ce que nous avons dit jusqu'ici, doit être définie : *un contrat par lequel les parties terminent une contestation née, ou préviennent une contestation à naître, au moyen de sacrifices réciproques.*

XXXII. Mais la transaction n'est pas le seul moyen auquel on puisse avoir recours pour prévenir ou terminer un procès. Le compromis, l'acquiescement, le désistement, la confirmation ou ratification d'une obligation annulable, et enfin le serment, tels sont les modes divers au moyen desquels on peut arriver au même résultat.

Dans les transactions, les parties se jugent elles-mêmes, et terminent leur contestation par un accord amiable, qui, loin de dépouiller entièrement l'une au profit de l'autre, attribue au contraire à chacune d'elles une satisfaction réciproque.

Le compromis, au contraire, est l'œuvre d'un ou de plusieurs élus chargés par les parties de prononcer entre elles. Investis l'un pouvoir égal à celui que la loi civile confère aux juges ordinaires, les arbitres peuvent assurer à l'une des parties l'intégralité du droit litigieux sans accorder à l'autre aucune compensation. De là entre la transaction et le compromis une distinction profonde ; de là dans le compromis un caractère de gravité plus grande qui justifie le peu de faveur que le législateur lui accorde, ainsi que le prouvent plusieurs dispositions législatives tant au corps de droit romain que dans le Code Napoléon. La loi dernière, au Code, *de transactionibus*, nous apprend, en effet, par son rapprochement avec un fragment de Paul, au Digeste, que si les transactions intervenues sur la condition des esclaves devaient recevoir leur entière exécution, aucun compromis, au contraire, ne pouvait valablement avoir lieu sur une semblable matière : « De liberali « causa compromisso facto, recte non compelle- « tur arbiter sententiam dicere. » C'est ainsi encore que chez nous et sous l'empire du Code Napoléon, on peut fort bien transiger avec les mineurs et les communes, quoiqu'on ne puisse jamais compromettre avec les uns ni avec les autres.

Passons maintenant aux autres opérations qui peuvent présenter quelque analogie avec le contrat de transaction, et c'est ici que va nous apparaître dans toute son utilité le caractère de réciprocité dans les sacrifices dont nous avons fait un des éléments essentiels de la transaction et que passe sous silence l'art. 2044.

Se désister d'une poursuite, c'est renoncer avec le consentement de l'adversaire à l'instance introduite contre lui (art. 402 et 403, pr.); c'est aussi quelquefois, mais plus rarement, renoncer non seulement à la procédure, mais au droit lui-même qui lui servait de base, et il n'est pas nécessaire, dans ce dernier cas, que le désistement soit accepté par l'adversaire.

Acquiescer à une poursuite, c'est en reconnaître la légitimité et renoncer à tous les moyens de défense qu'on aurait pu lui opposer. Ainsi, d'une part, dans l'acquiescement et le désistement, renonciation de l'une des parties en faveur de l'autre, concession unique et sans réciprocité ; quelquefois même dans le désistement, renonciation portant uniquement sur la procédure, le fond du droit restant entier; d'autre part, dans la transaction, sacrifice mutuel, sinon toujours égal, et portant constamment sur le fond même du droit : telle est la double différence qui existe entre ces diverses espèces d'opérations.

Comparons maintenant la transaction sur la validité ou la nullité d'un acte avec la ratification ou confirmation dont il est question dans l'article 1338. Il n'y aura transaction qu'autant que nous en recontrerons les deux conditions essentielles : la *dubius litis eventus* et l'*aliquo dato seu retento, vel promisso*. Ainsi, il faudra qu'il y ait doute sur la question de savoir si l'action en nullité est bien ou mal fondée, et aussi que l'abandon de ce droit douteux ait lieu à titre onéreux. En conséquence, il faudra décider qu'il y a confirmation, appliquer l'art. 1338, et exiger l'accomplissement des formalités qu'il ordonne lorsqu'il y aura abandon d'un droit certain, cet abandon eût-il lieu à titre onéreux, et encore lorsqu'il y aura abandon d'un droit douteux, si cet abandon est gratuit, parce qu'alors il n'y a pas de concessions réciproques.

Les conditions essentielles à l'existence du contrat de transaction nous serviront aussi à le distinguer du serment, opération qui, comme lui, procède du consentement, mais qui termine le différend par la seule puissance de l'affirmation et sans rien donner ni promettre.

Nous ne croyons pouvoir mieux terminer les développements que nous venons de donner ici qu'en disant quelques mots d'une question sur laquelle la cour de cassation fut autrefois appelée à décider et qui se rattache d'autant mieux à notre matière qu'elle repose tout entière sur une simulation de transaction. Pierre avait acquis à vil prix l'immeuble de Paul. Sous le coup d'une demande en rescision, Pierre consent à tripler son prix. Il y a là, dit la cour suprême, non pas une transaction, mais bien la prestation pure et simple d'un supplément de prix. Pour qu'il y eût transaction, il eût fallu qu'un tiers, survenant après la vente et prétendant droit sur le fonds, reçût de vous cette somme pour prix de votre repos.

XXXIII. Après avoir ainsi étudié toutes les conditions essentielles à la perfection de la transaction, nous allons examiner si elle a pour résultat de créer des droits nouveaux ou si elle est simplement déclarative de droits antérieurs et préexistants. Sans vouloir établir une complète similitude entre le jugement et la transaction,

nous pouvons cependant à bon droit considérer
cette dernière comme un jugement rendu par les
parties dans leur propre cause ; c'est là un principe que consacrent plusieurs textes insérés au
Digeste et au Code de Justinien et dont notre article 2052 n'est que la répétition. Ce point de
départ une fois accepté, et si nous nous rappelons que tout jugement est *déclaratif de droit*,
nous arrivons forcément à conclure, avec Deluca,
que la transaction est simplement déclarative et
non attributive de propriété (1). S'il subsistait
quelques doutes à cet égard, nous trouverions
dans les savantes dissertations de d'Argentré (2)
sur ce sujet une raison de décider dans notre
sens, qui mettrait bientôt fin à toutes les hési-
tations. N'oublions pas, en effet, que la transaction a pour base essentielle un droit incertain.
Or, pour qu'une personne puisse prétendre qu'elle
a fait une aliénation quelconque, il faut, de toute
évidence, qu'elle se soit dépouillée d'un droit
qui lui appartenait certainement Mais comment
affirmer, en présence d'un contrat comme la
transaction, que le droit abandonné par l'une
des parties lui appartenait d'une manière certaine et incontestable? Et n'est-il pas tout à la
fois plus naturel et plus vrai de dire que celui
qui est investi de la chose par l'effet de la transaction, continue à la posséder au titre sur lequel

---

(1) De feudis, disc. 47, n° 9, et *de regalib.*, disc. 93, n° 9.
(2) P. 1020, col. 2, n° 6.

il se fondait pour la conserver ou la réclamer avant que la transaction n'intervint et ne mît fin au litige? Il pourrait cependant se rencontrer telle circonstance qui nous contraindrait à modifier le principe que nous venons de poser. Que Pierre, par exemple, agisse contre Paul en revendication du champ B, et que Paul, pour mettre fin à la contestation, abandonne à Pierre la maison A ou toute autre chose non litigieuse, ne devrons-nous pas décider, dans ce cas, qu'il y a translation et non plus seulement déclaration de propriété? La transaction, dans ce cas, présente, comme on le voit, de grandes analogies avec le contrat de vente, et nous verrons bientôt quelles conséquences il en faut tirer.

XXXIV. A côté de la question que nous venons d'examiner se présente comme accessoire une question non moins célèbre et non moins importante, celle de savoir dans quels cas la transaction donne lieu à l'obligation de garantie. Nous admettrons ici la même distinction que nous avons déjà admise en droit romain. Si je suis évincé de la chose même qui faisait l'objet de la contestation que nous avons voulu terminer, il n'y a évidemment pas lieu à garantie; suis-je, au contraire, évincé d'un corps certain que j'avais reçu comme équivalent de l'abandon de mes prétentions à une autre chose, il y a lieu à garantie. Ces principes doivent être admis sans contestation dans notre droit, car ils ne sont que l'application de ce que nous venons de dire sur la question de savoir si la transaction est purement déclarative ou, au contraire, translative de propriété.

Cependant, une difficulté se présente qui n'a pas été traitée par les auteurs; la voici : Primus revendique un immeuble entre les mains de Secundus. Secundus transige, et pour que Primus fasse abandon de ses prétentions, il lui paie une somme de 30,000 fr. Survient Tertius qui revendique à son tour contre Secundus; Secundus cette fois ne transige pas; il accepte le débat et plaide. Il succombe, et en exécution du jugement, Tertius le remplace dans la possession de l'immeuble. Primus pourra-t-il revendiquer le même immeuble contre Tertius? L'affirmative ne peut être douteuse. Tertius, en effet, ne peut lui opposer la transaction intervenue entre lui et Secundus; Secundus seul le pourrait. D'autre part, il ne peut lui opposer le jugement intervenu entre lui, Tertius et Secundus, car Primus lui répondrait : *res inter alios judicata*. Primus pouvant revendiquer, Secundus pourra-t-il l'obliger à le faire? Nous ne le croyons pas, car ce serait admettre jusqu'à un certain point la garantie. Mais si Primus revendique volontairement et qu'il gagne son procès contre Tertius, il aura tout à la fois l'immeuble sur lequel il a transigé avec Secundus et les 30,000 fr. qu'il a reçus de Secundus pour abandonner ses prétentions à l'immeuble. Il me semble qu'il ne pourrait pas garder l'un et l'autre sans iniquité. Dès l'instant qu'il possède l'immeuble, il garde les 30,000 fr. *sine causa*, et l'on pourrait donner à Secundus une action pour se les faire rendre. Mais nous croyons qu'il faut aller plus loin, que la transaction tient, que rien n'est venu l'anéantir et qu'il faut l'exécuter. Or ce contrat ne signifie pas autre chose que ceci : Primus s'engage vis-à-vis de Secundus, moyennant 30,000 fr., à considérer ses prétentions en ce qui touche la propriété de l'immeuble comme mal fondées et à reconnaître les droits de Secundus comme préférables aux siens. Il devait le faire lorsque Secundus était possesseur et lui obligé de revendiquer. Aujourd'hui la situation est pareille quoiqu'en sens inverse. Primus étant en possession, ce serait à Secundus à revendiquer, mais il n'en est pas moins vrai que les deux mêmes prétentions rivales se trouvent en présence, et que dans ce conflit Primus s'est obligé à abandonner sa prétention et à reconnaître que celle de Secundus était fondée. Il faudra donc permettre à Secundus de redemander l'immeuble par voie d'action personnelle naissant de la transaction, et Primus sera tenu de le restituer.

CHAPITRE II.

QUELLES PERSONNES PEUVENT TRANSIGER.

XXXV. Si l'on se rappelle que dans l'un des numéros précédents, nous avons considéré la transaction comme étant, dans la plupart des cas pure-

ment déclarative de propriété, on s'étonnera peut-
être de nous voir présenter cette opération, dès
le début de cette matière, comme un acte d'aliénation. Et pourtant nous ne faisons en cela que
suivre l'exemple des jurisconsultes romains, qui
disaient en parlant du contrat que nous étudions :
« Qui transigit alienat. » C'est aussi le principe
qu'ont adopté les rédacteurs du Code Napoléon :

« Pour transiger, il faut avoir la capacité de dis-
« poser des objets compris dans la transaction. »
C'est qu'en effet, dit M. Troplong (Tr. des transact.,
p. 586) : « Celui qui renonce à son droit après
« avoir soutenu qu'il était fondé, fait un sacrifice;
« à son égard, le contrat peut prendre la couleur
« d'une aliénation, et c'est en ce sens que les ju-
« risconsultes ont dit : *qui transigit alienat.* »

Pour pouvoir transiger valablement, il faut donc
être capable d'aliéner. Or, peuvent aliéner tous
ceux auxquels la loi ne l'interdit pas (art. 1594,
C. Nap.). Nous avons donc à nous demander non
pas quelles sont les personnes capables de transiger, mais bien quelles sont celles qui ne le
peuvent pas. Mais avant d'entrer dans les développements que comporte cette matière si intéres-
sante, examinons en quelques mots une maxime
qu'a proclamée dans ses ouvrages un auteur qui
s'est montré le digne interprète des savantes doc-
trines de l'école. M. Mourlon, car c'est lui que
nous allons combattre, enseigne (3e exam. du C. c.,
tit. des transact., art. 2045) que pour pouvoir

transiger il faut être capable d'aliéner la chose objet de la transaction, non seulement à titre onéreux, mais encore à titre gratuit. L'absence de toute distinction dans les termes qu'emploie le législateur, leur extrême généralité, tel est le premier argument sur lequel pourrait s'appuyer le système en question. Mais M. Mourlon semble dédaigner cet argument, et, laissant de côté l'adage tant de fois invoqué : *ubi lex non distinguit, nec nos distinguere debemus*, il s'en réfère uniquement à ce qu'il appelle l'esprit de la loi. C'est dans l'art. 467 que se révèle, selon lui, cette pensée du législateur. Mais c'est là, à notre avis, se placer complétement à côté de la question. De quoi s'agit-il en effet dans l'espèce, sinon d'une question de capacité ? Dans les art. 450 et suivants, au contraire, il s'agit non pas d'une question de capacité, mais bien de l'étendue d'un mandat légal. Que, forcé de quitter Paris pour quelque temps, je confie à un mandataire le soin de gérer mes affaires pendant mon absence, et qu'à mon retour on vienne m'opposer une transaction faite par ce mandataire en mon nom, la question qui pourra s'élever sur le point de savoir si la procuration donnait au mandataire le pouvoir de transiger pour moi ne sera-t-elle pas la même que celle sur laquelle statuent les articles qui s'occupent des pouvoirs du tuteur ? Qui pourrait en douter ? Le tuteur est aussi un mandataire ; toute la différence consiste en ce qu'il tient ses pouvoirs de la loi, tandis que dans l'autre espèce les pouvoirs du mandataire se fondent sur la convention des parties. La limitation imposée par l'art. 467 aux pouvoirs du tuteur trouve selon nous sa raison d'être, non pas dans cette considération que le tuteur ne peut disposer à titre gratuit des meubles du mineur, mais bien et surtout dans le caractère tout particulier de l'aliénation résultant de la transaction, aliénation dont la cause est douteuse et qu'il était prudent dès lors de ne pas abandonner entièrement à l'appréciation du tuteur. La doctrine que nous combattons aurait pour conséquence inévitable de priver le mort civilement de la faculté de transiger. Il ne peut en effet, aux termes de l'art. 25 du Code Napoléon, disposer de ses biens en tout ou en partie, soit par donation entre vifs, soit par testament. Ajoutons enfin que la transaction étant un acte à titre onéreux, on ne voit pas pourquoi le législateur l'aurait mise, quant à la capacité de ceux qui peuvent la faire, sur la même ligne que les actes à titre gratuit. Pour pouvoir transiger sur une contestation quelconque, il suffit donc d'avoir la faculté de disposer à titre onéreux de la chose objet de cette contestation.

XXXVI. Cela posé, examinons de plus près l'objet que nous nous sommes proposé dans ce chapitre, et demandons-nous quelle est, quant à la transaction, la position que la loi fait au mineur non émancipé.

Le mineur non émancipé est entièrement incapable de transiger.

A quelles conditions un acte consenti par un mineur pourra-t-il être annulé?

C'est là une question qui, en laissant de côté certaines opinions particulières, divise la doctrine et la jurisprudence en deux camps opposés. Une première opinion, se fondant principalement sur les art. 1108, 1124 et 1125, enseigne que le mineur pourra toujours obtenir la nullité de tous les actes qu'il aurait consentis en basant son action en nullité, purement et simplement sur son incapacité. Les partisans de ce système, pour expliquer l'art. 1305, sont logiquement amenés à déclarer que, sauf les exceptions expressément mentionnées par la loi, les actes faits au nom du mineur par le tuteur agissant dans les limites de ses pouvoirs pourront être rescindés pour cause de lésion. Dans un second système, que M. Duranton a le premier soutenu avec tout l'éclat de son talent, et auquel se sont ralliés la plupart des jurisconsultes les plus éminents de notre temps, on distingue, parmi les actes faits par le mineur, ceux que le tuteur aurait pu faire seul et sans remplir aucune formalité, et ceux que le tuteur n'aurait pu faire qu'en remplissant certaines formalités imposées par la loi. Le mineur n'obtiendra la rescision des premiers qu'à la charge de prouver qu'il en a souffert une lésion; il obtiendra, au contraire, l'annulation des seconds pour cause d'incapacité, sans être obligé de prouver une lésion quelconque. Ce second système se base sur les art. 1305 et 1311 combinés. Quant aux actes faits par le tuteur dans la limite de ses pouvoirs, les partisans de ce second système les déclarent complétement inattaquables. D'une part, en effet, l'art. 1305 est expliqué, puisque, dans ce système, il s'applique à certains actes faits par le mineur lui-même; d'autre part, aux termes de l'art. 450, le tuteur est, à la condition de se soumettre aux règles des articles suivants, et dans la mesure des pouvoirs que ces articles lui confèrent, le mandataire légal et général du mineur, chargé de le représenter dans tous les actes de la vie civile. Or, le mandataire oblige le mandant, d'après les principes généraux du titre du mandat. A ces arguments viennent se joindre les considérations d'équité et d'intérêt public les plus puissantes. Qu'ont, en effet, à se reprocher les tiers? N'ont-ils pas contracté avec la personne que la loi elle-même leur désignait? N'a-t-on pas suivi toutes les prescriptions par l'accomplissement desquelles le législateur entend protéger l'incapable? Quel motif raisonnable y aurait-il, dès lors, de venir les troubler dans la propriété des biens par eux acquis? N'a-t-on pas assez pris de précautions en faveur du mineur pour qu'on ne doive pas venir aussi par voie de conséquence troubler des sous-acquéreurs? Ici intervient donc un des intérêts les plus graves de la société, la sécurité des contrats, la stabilité de la propriété, la nécessité de cette stabilité au point de vue de l'amélioration des biens. D'ailleurs, ne sait-on pas que le système opposé, suivi dans le droit romain et dans notre ancienne jurisprudence, était généralement blâmé par les jurisconsultes du plus grand poids, par Henrys, dont les expressions sont à cet égard excessivement énergiques; par Domat, par Pothier? Tous ces grands jurisconsultes blâmaient cette épée à deux tranchants, cette protection dont les effets se retournaient contre le protégé lui-même, avec lequel personne ne voulait contracter, et qui se trouvait ainsi privé pour ainsi dire du *commercium*. Brisons donc définitivement avec ce système de protection à outrance, plus nuisible qu'utile à celui que l'on veut protéger, système introduit dans le droit romain par l'édit du préteur qui avait principalement pour but de garantir les adultes mineurs de vingt-cinq ans contre les mauvais résultats d'une capacité prématurée que leur accordait le droit civil. Nous adoptons ce dernier système ; mais la discussion de cette grave question ne ressortant qu'incidemment des matières de cette thèse, nous ne nous livrerons pas à une discussion plus approfondie.

Si donc le tuteur a transigé en accomplissant toutes les formalités exigées par l'art. 467, nous déclarerons cette transaction complétement inattaquable. Si, au contraire, la transaction a été faite par le mineur lui-même, elle devra être annulée pour cause d'incapacité et sans qu'il soit besoin de prouver une lésion. Constatons que sur ce point les partisans des deux systèmes se rencontrent pour adopter notre opinion.

Si le tuteur avait transigé au nom du mineur sans obéir aux prescriptions de l'art. 467, nous déciderions, par argument de l'article 1997, qu'il y a là un contrat entièrement inexistant ; mais ici se rencontre une particularité du droit : ce contrat inexistant pourra devenir inattaquable, si le mineur devenu majeur le ratifie (art. 1998).

Quel est entre les deux premiers termes de cette énumération que nous devons seuls considérer, celui dans lequel rentre la transaction ? Dans le premier, évidemment, ainsi que nous le prouve la disposition de l'art. 467. La transaction faite par le mineur seul est donc nulle pour défaut de formes, et indépendamment de toute lésion ; seulement, l'art. 1125 trouve ici son application, et celui qui aura transigé avec le mineur ne pourra évidemment opposer la nullité résultant du défaut d'autorisation du tuteur.

Quant à la transaction que peut faire avec son tuteur et sur le compte de tutelle le mineur qui a atteint sa majorité, elle est régie par la disposition de l'art. 472. Malgré l'apparente généralité des termes de cet article, il doit, selon nous, être restreint au cas où la transaction qui intervient a pour objet les difficultés résultant du compte de tutelle, ainsi que le démontre suffisamment l'article 2045 du Code Napoléon.

XXXVII. Pour ce qui est des interdits, l'article 509 du Code Napoléon les assimile aux mineurs, mais il est cependant certaines observations qui méritent d'être signalées. Et d'abord, demandons-nous s'il faut assimiler d'une manière absolue les interdits aux mineurs. Non évidemment ; les interdits diffèrent des mineurs sous quatre rapports bien distincts :

1° Le mineur peut se marier à 18 ans, si c'est un homme, à 15 ans s'il s'agit d'une fille. L'interdit ne le peut pas.

2° Le mineur parvenu à l'âge de 16 ans peut disposer, par testament, jusqu'à concurrence de la moitié des biens dont il pourrait disposer s'il était majeur. L'interdit ne peut tester en aucune façon.

3° Les actes faits par le mineur seul, et que le tuteur aurait pu faire sans remplir aucune formalité, ne sont nuls qu'autant qu'ils contiennent une lésion au préjudice du mineur. Tout acte quelconque fait par un interdit est nul, indépendamment de toute lésion.

4° Le mineur peut être émancipé. L'interdit ne peut, au contraire, échapper à son incapacité par l'émancipation.

L'art. 472 peut-il s'appliquer au cas où l'interdit, après avoir obtenu mainlevée de son interdiction, aurait traité avec son tuteur sur une contestation relative à son compte de tutelle ? La loi, pourraient dire les partisans de la négative, n'avait point à redouter de la part de celui qui vient d'obtenir la mainlevée de son interdiction

les effets désastreux de cette aveugle précipita-
tion, qui met l'ex-mineur à la discrétion de son
tuteur. La justice, d'ailleurs, ne lève l'interdiction
que lorsque la démence a complétement cessé;
tandis que la raison, comme on le voit chaque
jour, se fait souvent attendre bien longtemps
après que la majorité s'est accomplie. Mais à
toutes ces considérations vient s'opposer un argument de texte qui nous semble péremptoire.
La loi, en effet, assimile la tutelle des interdits à
la tutelle des mineurs, et elle a placé l'art. 472
au milieu des dispositions relatives à la tutelle
des mineurs.

Il y a, comme on le sait, deux espèces d'inter-
dictions : l'interdiction légale et l'interdiction
judiciaire. Nous allons terminer nos développements sur cette matière en signalant la différence
importante qui existe entre elles.

L'interdiction judiciaire se fondant sur l'intérêt privé des parties, les personnes capables de
s'engager ne pourront évidemment opposer l'incapacité de l'interdit avec lequel elles auront
contracté (art. 1125).

La nullité résultant de l'interdiction légale de
l'un des contractants ayant au contraire pour
base l'intérêt public, est absolue, et peut être,
comme telle, opposée non seulement par l'interdit légalement, mais encore par ceux qui ont
contracté avec lui.

La nullité résultant de l'incapacité du prodigue

ou du faible d'esprit auquel on a nommé un conseil judiciaire, obéira à la règle générale de l'article 1125 et sera purement relative, c'est-à-dire opposable par l'incapable seul. Aux termes des art. 499 et 513, la personne pourvue d'un conseil judiciaire ne peut transiger sans l'assistance de son conseil.

XXXVIII. La capacité du mineur émancipé se borne : 1° à l'administration de tous ses biens meubles et immeubles ; 2° à la faculté de recevoir, avec l'assistance de son curateur, le compte que le tuteur est tenu de lui rendre de sa gestion ; 3° enfin, à la faculté de recevoir avec la même assistance un capital mobilier et d'en donner décharge.

En un mot le mineur émancipé ne peut faire que des actes de *pure* administration. Pour tous autres actes, il doit, aux termes de l'art. 484, observer les formes prescrites au mineur non émancipé. Mais nous rencontrons ici, et relativement à la transaction, une théorie qui s'est accréditée, qu'ont adoptée et soutenue tous les auteurs, et à laquelle cependant nous croyons pouvoir ne pas nous soumettre. Pour MM. Duranton, Troplong, Marbeau, Zachariæ, pour tous les commentateurs enfin, il est constant que le mineur émancipé ayant la faculté de faire les actes d'administration, peut aussi transiger sur ces actes. Tout au plus ces auteurs se divisent-ils quand il s'agit de la question de savoir si le mineur émancipé peut, avec la seule assistance de son curateur, transiger sur un capital mobilier.

Les uns alors, ce sont MM. Marbeau et Favard de Langlade, adoptent l'affirmative ; les autres, reculant, au contraire, devant les conséquences de leur système, s'en réfèrent, pour ce cas, à l'art. 484.

Quant à nous, nous appliquerons, dans tous les cas possibles, l'art. 484 ; dans tous les cas possibles, nous dirons : le mineur émancipé qui veut transiger doit observer les formes prescrites pour le même acte au mineur non émancipé. Et que peut nous faire cet acte d'administration, à propos duquel la transaction est intervenue entre les parties ? La nature de la transaction a-t-elle été modifiée en quoi que ce soit, n'est-elle pas toujours restée la même, n'est-ce pas toujours un acte d'aliénation, de disposition, dépassant de beaucoup les limites d'un acte d'administration, et tombant, comme tel, sous le coup de l'art. 484 ? Non ; la nature de l'acte d'administration ne peut influer en rien sur la nature de l'acte postérieur ; et cela est tellement vrai, que si nous demandions aux partisans du système que nous combattons ce qu'ils pensent de la transaction qu'un tuteur aurait faite sur des difficultés prenant naissance dans un acte d'administration, ils nous répondraient inévitablement que le tuteur n'a pu le faire qu'en observant les formalités prescrites par l'art. 467. Or, qu'est-ce qu'un tuteur ? C'est un homme que l'expérience de la vie et l'habitude des affaires mettent à même d'apprécier, dans chaque chose, les avantages et les inconvénients; c'est l'homme de confiance du législateur, c'est celui qu'il a investi d'une magistrature domestique, et vous lui refusez un droit que vous accordez au mineur émancipé? N'est-ce pas là, je le demande, une contradiction flagrante, et ne suffirait-elle pas pour démontrer la fausseté du système en discussion, s'il n'était possible de l'apprécier encore par les conséquences qu'il entraîne? Je suppose que le père d'un mineur émancipé ait fait avec un fermier un bail de neuf ans. Le prix du bail est de dix mille francs par an ; à l'expiration des neuf années, le fermier demande une remise de vingt mille francs, en se fondant sur ce que, pendant la durée du bail, la totalité ou plus de la moitié de la récolte de plusieurs années a été enlevée par cas fortuit (art. 1769). Si, comme le veulent nos adversaires, le mineur émancipé peut transiger valablement sur cette contestation, dont l'objet est pourtant, comme on le voit, d'une très grande valeur, pourquoi ne pourrait-il pas aussi faire cession de sa créance contre le fermier, car il s'agira encore ici d'un acte de disposition sur les fruits? On voit par là à quelles graves conséquences conduirait le système de nos adversaires. Remarquons, du reste, qu'il n'est pas vrai de dire que le mineur émancipé peut disposer des fruits de son patrimoine ; l'art. 481 dit seulement : « Il (le mineur « émancipé) recevra ses revenus, en donnera dé-

« charge... » Il résulte de là que le mineur émancipé peut recevoir ses revenus et les employer en
bon père de famille aux besoins ordinaires de la
vie ; mais il ne peut en disposer de toute autre manière ; ce qui est tellement vrai, qu'il peut arriver
que les obligations par lui contractées, même dans
la mesure que nous venons d'indiquer, soient ré-
duites en vertu de l'art. 484. Il faut donc tenir
pour certain que le mineur émancipé ne peut,
dans aucun cas, transiger valablement.

Nous avons signalé en passant l'opinion de certains auteurs qui regardent le mineur émancipé
comme pouvant transiger sur un capital mobilier
avec la seule assistance de son curateur. C'est là,
on le comprend, une doctrine trop contraire au
principe que nous avons admis pour que nous
puissions hésiter un seul instant à la repousser.
Mais en supposant encore que nous accordions au
mineur émancipé la faculté de transiger sur une
difficulté relative à un acte d'administration, nous
croirions devoir nous écarter complétement de
ce principe dans l'espèce qui nous occupe. En
effet, l'art. 482 permet bien au mineur émancipé
de recevoir un capital mobilier avec l'assistance
de son curateur et d'en donner décharge; mais
est-ce tout, et l'article n'ajoute-t-il pas que le
curateur est appelé à surveiller l'emploi du capital
reçu? Il doit donc être fait emploi du capital, et il
en résulte évidemment que le mineur émancipé
ne peut aliéner le capital mobilier dont il pourrait
donner décharge. Ne serait-ce pas là du reste un

acte dépassant de beaucoup la limite des actes d'administration, et ne devrait-on pas par suite appliquer la disposition de l'art. 484? Enfin la loi du 24 mars 1806 requiert l'avis du conseil de famille, pour transférer une inscription de rente sur l'État excédant 50 fr., que le mineur créancier soit ou non émancipé. Si l'assistance du curateur ne suffit pas dans ce cas, comment s'en contenter pour opérer une transaction dont les conséquences seraient peut-être si funestes au mineur, sa fortune pouvant consister uniquement en créances ou droits mobiliers?

Quant à la transaction faite par le mineur émancipé, même avec l'assistance de son curateur, sur le compte de son ancien tuteur, nous répondrons encore en nous fondant, comme dans le cas précédent, sur les termes de l'art. 484. Le mineur émancipé ne peut transiger sur le compte de gestion de son ancien tuteur qu'autant que cette transaction aura été précédée de l'avis de trois jurisconsultes, de l'avis du conseil de famille, et homologuée par le tribunal, le procureur impérial entendu.

XXXIX. Le mineur émancipé commerçant étant réputé majeur pour les faits relatifs à son commerce, aux termes de l'art. 487 du Code Napoléon, il peut de toute évidence transiger sur ce qui concerne son négoce. Mais le principe posé par l'art. 487 se combine nécessairement avec les dispositions de l'art. 6 du Code de commerce, qui décident que si le mineur émancipé commerçant peut hypothéquer ou engager ses immeubles, il n'a pas cependant capacité pour les aliéner. De là il résulte que toute transaction faite par le mineur commerçant serait nulle, si elle tendait à le dépouiller d'un immeuble, à moins cependant qu'on ait observé pour la faire les règles de l'art. 467.

XL. C'est dans les art. 217 et 219 du Code civil que le législateur a déterminé les pouvoirs de la femme mariée, quant aux biens dont elle est propriétaire. D'après ces articles, la femme ne peut, en principe général, faire aucun acte sans l'autorisation de son mari ou de justice.

Mais ce principe, comme tous les autres, reçoit exception dans certains cas. C'est ainsi que l'art. 1449 dispose que la femme séparée soit de corps et de biens, soit de biens seulement, peut seule et sans le concours ni de son mari ni de justice, disposer de son mobilier et l'aliéner. Elle pourra donc aussi faire sans autorisation toutes transactions relatives à son mobilier. Que s'il s'agissait d'un bien immobilier, le droit commun reprendrait son empire, et il faudrait que la femme en appelât à son mari ou à la justice. Encore cette autorisation du mari ne serait-elle plus suffisante, si les immeubles sur lesquels la femme voudrait transiger étaient des immeubles dotaux. C'est en effet ce qui résulte de la disposition de l'art. 1554 du Code Nap. au titre du

Contrat de mariage. Si donc, contrairement à la disposition de cet article, la femme a transigé sur un immeuble dotal, il y aura lieu à appliquer l'art. 1560 du même Code. Il est vrai que M. Duranton regarde cette transaction comme inattaquable, si elle a été autorisée par le juge ; mais quels que soient les avantages que cette solution pourrait présenter dans certains cas pour la société conjugale, nous ne pourrions l'adopter sans oublier le rôle qui nous est imposé et sans empiéter sur les attributions du législateur. S'il s'agissait d'une transaction par laquelle la femme autorisée de son mari aurait pris l'engagement de payer une somme, moyennant la renonciation d'un tiers prétendant droit à l'immeuble dotal, il faudrait considérer cette transaction comme valable. Quelle serait en effet celle des parties qui pourrait en demander la nullité ? Aucune évidemment ; car d'une part la femme n'a aliéné aucun bien dotal, et d'autre part l'art. 1125 du Code civil s'oppose à l'action en nullité que voudrait intenter l'autre contractant.

Si l'on s'attache exclusivement au résultat que les transactions sont destinées à atteindre, et si l'on ne voit en elles qu'un moyen d'éviter les dissensions fâcheuses qui viennent trop souvent jeter la perturbation dans les familles, on devra évidemment permettre dans tous les cas aux époux de terminer, par une transaction, les contestations qui peuvent s'élever entre eux. Mais il est une considération devant laquelle se sont arrêtés certains esprits prévenus, et selon nous trop peu soigneux du véritable sens des dispositions de la loi. La transaction, a-t-on dit en effet, est en soi un acte d'aliénation ; or il est de principe, dans notre droit, que la vente n'est permise entre époux que dans les trois cas exceptionnels de l'art. 1595, au titre de la *Vente*. Donc il en doit être de même pour la transaction, car les motifs sont identiques. Mais nous ferons tout d'abord observer à nos adversaires que l'article 1595 statue, non pas sur l'aliénation en général, mais bien sur une aliénation *in specie*. Donc il est impossible de conclure de l'espèce de l'art. 1595 à la transaction. Le législateur a pris soin, dans une foule de dispositions, de faire de la capacité la règle et de l'incapacité l'exception. C'est en effet ce que décident les articles 902 et 1123, statuant, l'un sur la faculté de disposer et de recevoir à titre gratuit, l'autre sur la faculté de disposer à titre onéreux. D'après ces articles, la loi seule peut créer une incapacité; toutes celles qu'elle ne consacre pas ne reposent que sur l'arbitraire et ne peuvent, comme telles, être raisonnablement acceptées. N'est-ce pas là pourtant ce que font ceux qui regardent les époux comme incapables de transiger, en dehors des cas exceptionnels de l'art. 1595 ? Quel est, en effet, le texte de loi sur lequel ils pourraient fonder leur doctrine? Ne comprend-on pas bien facilement, d'ailleurs, que le Code interdise la vente entre époux? N'engendre-t-elle pas, quand elle a lieu, toutes sortes d'inconvénients, sans produire aucun avantage qui les compense? On peut craindre que le mari abuse de son autorité, ou la femme de l'influence qu'elle s'est acquise; la vente peut avoir pour but de déguiser une libéralité dépassant la quotité de la portion disponible entre époux. Quant à la transaction, si elle peut présenter les mêmes inconvénients, au moins aura-t-elle un résultat très favorable, celui de prévenir un procès à naître ou d'éteindre un procès déjà né. Et quelle n'est pas l'importance de ce résultat quand il s'agit, comme dans l'espèce, non de deux personnes étrangères l'une à l'autre, mais de deux époux? non d'un intérêt individuel et purement pécuniaire, mais de l'intérêt de toute une famille et de la bonne éducation des enfants? Qu'on se reporte au titre du *Partage*, et l'on pourra se convaincre que le législateur n'a reculé devant rien pour maintenir la paix entre les membres de la même famille; et l'on voudrait que, dans l'espèce qui nous occupe, il ait dérogé à la règle qu'il s'est imposée et dont il maintient partout ailleurs l'autorité avec une attention si scrupuleuse !

XLI. L'arrêté du 21 frimaire an XII, celui du 7 messidor an XI, et enfin un décret du 2 janvier 1812, tels sont les trois monuments auxquels on peut se référer, pour ce qui concerne les transactions faites par les communes et par les établissements publics.

Aux termes de l'arrêté de frimaire, trois conditions doivent être remplies pour la validité de toute transaction où figure comme partie une commune ou un établissement public. Cet arrêté exige : 1° une délibération du conseil municipal, prise sur la consultation de trois jurisconsultes désignés par le préfet du département ; 2° autorisation de ce même préfet donnée d'après l'avis du conseil de préfecture ; 3° homologation du chef du pouvoir exécutif. Néanmoins, et aux termes de l'arrêté de messidor, la transaction pourra être exécutée provisoirement avant que l'approbation du gouvernement intervienne ; mais cette autorisation devra être obtenue pour que la transaction devienne irrévocable. Enfin, si cette autorisation ayant été obtenue, la question se présente de savoir dans quel sens la transaction doit être interprétée, c'est à la justice seule qu'il appartient d'en connaître, ainsi que le décide expressément le décret du 2 janvier 1812.

La loi des 18-22 juillet 1837 est venue modifier sur un point la prescription de l'arrêté de frimaire. L'art. 69 de cette loi décide, en effet, que lorsqu'il s'agit d'objets mobiliers d'une valeur de 3,000 fr. et au-dessous, il suffit pour l'homologation des transactions intéressant les communes, d'un arrêté du préfet en conseil de préfecture.

Nous n'avons parlé jusqu'ici que des transactions faites par les communes, demandons-nous donc maintenant quelles sont les formalités à remplir pour la validité de celles qui sont faites par les établissements publics. Un arrêté de mes-

sidor an **IX** (1) exige des formalités un peu différentes de celles qui sont imposées aux communes. Le comité consultatif peut transiger sur
tous les droits litigieux. Les transactions peuvent
être exécutées provisoirement; mais elles ne sont
définitives et irrévocables qu'après avoir été ap-
prouvées par le gouvernement; à l'effet de quoi,
elles sont transmises au ministre de l'intérieur,
revêtues de l'avis des sous-préfets et préfets (2).

XLII. Quant au failli, le jugement déclaratif de
faillite emportant contre lui dessaisissement de
l'administration de ses biens, aux termes de l'article 443 du Code de commerce, il est évidemment
incapable de consentir des transactions opposables à la masse de ses créanciers. Aux syndics
est confié le soin de transiger, toutes les fois que
l'intérêt de la masse des créanciers exige qu'on
ait recours à cette opération. Encore faut-il,
quant aux transactions faites par les syndics, distinguer si elles ont été faites pendant la période
qui précède le concordat, en supposant que le
concordat ait été accordé, ou pendant que les
créanciers se trouvaient en état d'union, par
suite du refus du concordat. Au premier cas, en
effet, il y a lieu à appliquer l'art. 487 du Code de
commerce; au second, c'est l'art. 535 du même
Code qui doit être suivi.

---

(1) Art. 13.
(2) Troplong, Tr. des Transact., p. 586.

CHAPITRE III.

QUELLES CHOSES PEUVENT ÊTRE L'OBJET D'UNE TRANSACTION.

XLIII. Le laconisme des dispositions de la loi, en ce qui concerne l'objet des transactions, prouve d'une manière évidente que le législateur a voulu laisser à l'interprète le soin de s'en référer, pour les développements à donner sur cette matière, aux principes généraux posés au titre *Des contrats et obligations conventionnelles.*

Pour transiger, dit l'art. 2045, il faut avoir la capacité de disposer des objets compris dans la transaction. Or, la capacité de disposer étant la règle et l'incapacité l'exception, on pourra donc transiger sur toute espèce d'objets, à moins que la loi ne s'y oppose. Aussi soustrairons-nous à l'application de la règle générale : 1° les choses qui ne sont pas dans le commerce; 2° les choses contraires à l'ordre public et aux bonnes mœurs.

Nous n'avons plus maintenant qu'à déduire les conséquences des principes que nous venons de poser. Examinons donc tout d'abord, avec les rédacteurs du Code, ce qu'il faut penser de la transaction qui a pour objet un délit. Nous avons vu quel était, sur ce point, le système des lois romaines; que ce système ne doive et ne puisse être admis chez nous, c'est ce que personne assurément ne contestera. Les Romains, tout en reconnaissant l'existence de l'action civile à côté de l'action publique, n'avaient pas confié exclusivement, à une magistrature spéciale, le soin de poursuivre la réparation des délits. Chez eux, il était permis à tout citoyen de jouer le rôle d'accusateur et de se constituer ainsi le défenseur de la morale et de la société. Et de là, la faculté accordée au coupable d'arrêter, par une transaction, au moins en ce qui concernait les crimes capitaux, la poursuite criminelle, l'action publique dont il était l'objet. Mais aujourd'hui la mission de défendre la société contre ceux qui auraient porté atteinte à sa sécurité est devenue un droit social. Le ministère public, tel est le mandataire auquel seul est confiée la poursuite des crimes, telle est l'innovation qui différencie profondément le droit romain et le droit français, et qui soustrait complétement l'action publique à l'atteinte des conventions privées. La disposition de l'art. 249 du Code de procédure vient d'ailleurs consacrer ce principe d'une manière bien formelle. Cet article veut en effet que, lorsqu'une poursuite de faux incident est arrêtée par une transaction, cette transaction ne puisse être homologuée en justice, sans que le ministère public ait été entendu et mis à même de faire telles réquisitions et telles réserves que de droit. Mais si la transaction n'a porté que sur l'intérêt privé, si elle n'a eu en vue que la réparation civile accordée à l'individu qui a été plus spécialement victime du délit, elle est valable, car il s'agit ici d'un intérêt purement privé auquel peuvent, par conséquent, s'appliquer les conventions privées.

'Quand une personne a transigé sur l'intérêt civil résultant d'un délit, il faut bien distinguer si la transaction a porté sur un délit accompli ou sur un délit à venir. Au premier cas en effet elle serait valable, tandis que dans le second elle devrait être annulée comme faite *ob turpem causam* et favorisant le délit. *Quippe ad delinquendum invitans*, disait Voët. On ne pourrait donc pas par voie de transaction valider pour l'avenir un contrat usuraire.

Toute transaction qui intervient sur un délit, n'étant pas faite sur le délit lui-même, avec celui qui est chargé de le poursuivre, on ne doit pas, suivant l'expression de M. Bigot de Préameneu, en induire un aveu de la part de l'accusé. Le scandale qu'entraîne toujours après elle une procédure criminelle et les humiliations de l'audience peuvent être, aux yeux même d'un innocent, une raison suffisante pour motiver une transaction.

XLIV. Nous savons maintenant comment il faut entendre la disposition de l'art. 2046, et nous avons examiné les différentes espèces auxquelles elle peut s'appliquer. Voyons donc quel sera le sort d'une transaction consentie par une personne, sur sa légitimité, sa filiation, son mariage, ses droits de famille.

Deux systèmes se trouvent en présence : l'un, celui de Voët (*ad Pandectas, de transact.*, n° 10), d'après lequel on devrait toujours admettre l'affirmative, tout en restreignant l'effet de la transaction aux rapports personnels des parties entre elles, de telle sorte qu'à l'égard de toute autre personne elle serait non avenue.

Le second , c'est celui qu'adopte M. Troplong (1), prend pour points de départ deux principes bien distincts. On peut toujours, dit d'abord M. Troplong, transiger sur les intérêts pécuniaires attachés à un état. Puis, considérant la transaction en tant qu'elle porte exclusivement sur l'état, abstraction faite de l'intérêt pécuniaire qui peut en résulter, M. Troplong distingue si la transaction est favorable à l'état de la personne, auquel cas il la déclare valable, ou si elle lui est contraire, auquel cas, dit-il, elle ne saurait subsister.

Quelle que soit notre confiance dans les lumières du savant magistrat, nous croyons devoir nous écarter complétement en ce point de la doctrine qu'il professe. Aussi, allons-nous chercher à en démontrer la fausseté, nous proposant ensuite de présenter à notre tour une solution qui s'accorde mieux avec les principes généraux qui dominent la matière des transactions.

---

(1) Traité des Transact., n° 69.

Et d'abord, admettons pour un instant l'opinion de M. Troplong. Oui, disons-nous avec lui, la transaction valable, quand elle est favorable à l'état de la personne, doit être déclarée nulle dans le cas contraire. Mais n'y a-t-il pas quelque exception à ce principe. M. Troplong semble n'en apercevoir aucune, il admet le principe dans toute sa latitude, et il arrive ainsi, sans s'en douter, à admettre qu'une transaction est possible, alors même qu'il n'y a pas possibilité de contestation. Rappelons-nous en effet que la recherche de la paternité est interdite. et interdite d'une manière presque absolue, puisque le législateur n'excepte de ce principe qu'un seul cas, qui se présentera très-rarement, le cas du rapt. Il résulte de là que celui qu'une femme voudrait attaquer devant les tribunaux pour le faire déclarer père de son enfant, pourra toujours lui répondre par le principe de l'art. 340. Par conséquent, il n'y aura jamais sur cette question aucune contestation à prévenir ou à éteindre, et par suite la nécessité d'une transaction ne se présentera jamais.

Mais, nous dira-t-on, cette transaction n'est autre chose qu'une reconnaissance d'enfant naturel, et pourquoi une reconnaissance d'enfant naturel ne serait-elle pas valable parce qu'elle aurait pris la forme d'une transaction ?

Nous répondrons d'abord que ce raisonnement ne pourrait nous être opposé qu'autant que la transaction dont il s'agirait aurait été faite dans

la forme authentique exigée pour la reconnaissance d'enfant naturel par l'art. 334. En second
lieu, nous croyons que, même dans ce cas, il faudrait décider que cette transaction ne vaut pas
même comme reconnaissance, parce que la transaction suppose des concessions réciproques, et
que si, faute d'objet, faute de *dubius litis eventus*,
on annule les obligations contractées envers celui
duquel émane la reconnaissance, on devra, à cause
du principe de l'indivisibilité des transactions,
annuler cet aveu lui-même. Une transaction, en
effet, doit être annulée pour le tout, ou subsister
pour le tout, et quand elle est annulée dans l'une
de ces clauses, elle tombe entièrement. Ne serait-
il pas d'ailleurs contraire à la morale qu'une reconnaissance d'enfant naturel eût lieu moyennant
un prix? La loi l'a sans doute considéré ainsi,
puisqu'elle nous présente toujours la reconnaissance d'enfant naturel comme un acte unilatéral,
comme un aveu émané du père ou de la mère,
sous la forme authentique exigée précisément
comme garantie de la liberté de celui qui reconnaît.

Mais considérons en lui-même le principe admis par le savant magistrat. Que faut-il entendre
par ces transactions favorables ou défavorables à
l'état de la personne, par ces transactions portant
sur l'état, indépendamment de toute considération
pécuniaire qui pourrait s'y rattacher? N'est-ce
pas là une pure chimère, et ne suffisait-il pas de
dire : on peut toujours transiger sur les intérêts

pécuniaires attachés à un état (1) ? Supposons un instant qu'une transaction intervenue entre deux personnes porte exclusivement sur l'état de l'une d'elles. Paul, par exemple, reconnaît par une transaction que Pierre, étant son frère légitime, a le droit de porter son nom. Quel sera l'effet de cette reconnaissance? Paul aura-t-il acquis, à l'égard de tous et d'une manière absolue, le droit de porter le nom de Pierre, ou, au contraire, n'y aura-t-il là pour lui qu'un droit purement relatif. Personne n'en peut douter, et M. Troplong lui-même semble n'admettre que d'une manière relative la transaction intervenue sur une question d'état. Or, si l'on comprend bien que la transaction produise des effets purement relatifs, au point de vue des droits pécuniaires résultant de l'état, à cause de la divisibilité de ces droits, dès là, au contraire, qu'on arrive à l'état en lui-même, il faut nécessairement admettre, en raison de son indivisibilité, que l'effet des transactions est absolu en ce qui le concerne, ce qui est impossible, ou qu'il est absolument nul, ce qui nous ramène forcément au principe que nous avons posé dès le début : il suffisait donc de dire qu'on peut transiger sur les intérêts pécuniaires résultant d'un état. Et

------

(1) « Encore cela suppose-t-il, bien entendu, ainsi que le fait « remarquer très judicieusement M. Demolombe (cours de Code « civil, tome 8, n° 333), que les intérêts sur lesquels porte la « transaction sont déjà nés et actuels, car on ne peut pas traiter « sur le néant, car, surtout, on ne peut faire aucun pacte sur « une succession future (art. 791, 1130, 1600). »

si l'on se laissait aller à penser que la transaction peut produire des effets absolus, applicables à tous, il nous suffirait, pour démontrer le contraire, de la comparer à la chose jugée en matière d'état, dont les effets sont bien certainement relatifs. En un mot, il y a dans cette assertion : je suis le fils de Pierre ou je suis l'époux d'une telle, il y a là, disons-nous, une vérité philosophique essentiellement indivisible et n'admettant aucun moyen terme entre ces deux extrêmes, être ou ne pas être, de telle sorte qu'elle est opposable à tous ou qu'elle n'est opposable à personne.

Il n'est pas vrai de dire, d'ailleurs, qu'une transaction est favorable ou défavorable à l'état d'une personne. C'est là un fait tout relatif et qui rappelle le principe que proclamait chez les Romains Caton le Censeur, quand il disait : *Nulla lex satis commoda omnibus.* Ne pourrions-nous pas dire, à notre tour : *Nulla transactio satis commoda omnibus?* Vous prétendez être mon frère légitime, et, comme tel, avoir des droits sur la succession de mon père ; je conteste et, en fin de compte, nous transigeons, et je reconnais, moyennant telles concessions que vous me faites, que vous êtes bien mon frère légitime. Voilà certainement une transaction très favorable à votre état, mais en est-il de même pour moi? Ne vais-je pas, au contraire, éprouver un préjudice considérable, et, si vous prétendez que la transaction doit être maintenue parce qu'elle est favorable à votre état, ne serai-je pas fondé à demander son annulation, en démontrant qu'elle est très désavantageuse au mien?

Et qu'il s'agisse, par exemple, d'une question de mariage; qu'il s'agisse même spécialement de celle dans laquelle M. Troplong fut appelé à poser des conclusions devant la cour de Bastia, M. Troplong appliquera-t-il ici comme partout le principe qu'il a adopté, et dira-t-il que la transaction doit être maintenue parce qu'elle est favorable à l'état de la personne? Mais c'est peut-être tout le contraire qui existe. Il se peut très bien que l'état de mariage soit très défavorable à la personne, et c'était bien certainement ce qui existait dans l'espèce que rappelle M. Troplong. Guerini voulait se séparer de Marie Stella; il voulait faire annuler le mariage qui l'unissait à elle; une transaction intervient qui resserre les liens existant entre eux. Guerini proteste ensuite contre cette transaction. Elle ne lui est donc pas favorable. M. Troplong l'avait bien compris; aussi n'est-ce plus la considération de la personne qui le détermine dans ce cas, il en fait complétement abstraction pour ne plus s'attacher qu'à un être de raison, le mariage.

Disons en finissant, et comme dernier et puissant motif d'adopter notre décision, que l'état des personnes forme l'un des éléments les plus essentiels du droit public, et que c'est par les considérations les plus élevées, puisées dans l'intérêt de l'ordre social, que la loi elle-même l'a souverainement réglé, et que, dès-lors, la transaction qui porte sur l'état même d'une personne blesse l'ordre public (art. 6).

XLV. Que faut-il penser des transactions qui ont pour but de prévenir ou de terminer les contestations auxquelles peut donner lieu, entre époux, l'interprétation des conventions matrimoniales? Si nous nous rappelons qu'aux termes de l'art. 1395, au titre du *Contrat de mariage*, les époux ne peuvent modifier en rien leurs conventions matrimoniales après la célébration du mariage, nous arrivons forcément à conclure que les époux ne pourront en aucun cas transiger sur l'interprétation du contrat de mariage en lui-même. En effet, toute transaction emportant nécessairement avec elle l'idée de concessions réciproques, si les époux emploient ce moyen pour terminer leur différend il y aura là de leur part, non pas interprétation des conventions matrimoniales, mais bien un changement et une altération de ces conventions, ce qui est interdit aux termes de l'art. 1395. Que deux époux, par exemple, transigent sur la question de savoir à quel chiffre s'élève la somme que la femme a promis d'apporter en dot. Personne évidemment ne verra là une interprétation de la clause ambiguë et douteuse sur laquelle reposait la difficulté. Les époux, dans ce cas, auront tranché le nœud gordien, et apporté dans leurs conventions matrimoniales un changement qui motivera contre eux l'application de l'article précité.

Mais supposons que pendant le mariage l'un des époux ait éteint la dette personnelle de l'autre, en employant le prix de son bien à satisfaire le créancier, ainsi que le prévoit l'art. 1478. Après le partage de la communauté, une difficulté s'élève entre eux sur ce sujet et ils préviennent le procès par une transaction. Devrons-nous encore appliquer ici l'art. 1395? Non, car il ne s'agit plus dans ce cas des conventions matrimoniales elles-mêmes ; elles ne sont pour rien dans l'arrangement que les parties ont fait et qui n'a pour objet que des rapports auxquels ont donné naissance des faits postérieurs à la célébration du mariage. Ainsi d'une part, et pour nous résumer, questions nées de faits postérieurs à la célébration du mariage, et qui, vu le régime adopté, donnent lieu à un *dubius litis eventus;* d'autre part, questions portant sur l'interprétation des conventions matrimoniales elles-mêmes : tels sont les deux termes de la distinction qu'il ne faut jamais perdre de vue dans la question qui nous occupe, et auxquels se rattache, comme conclusion définitive, la validité des transactions ou leur nullité.

XLVI. A côté des questions si graves sur lesquelles nous venons de nous prononcer se présente un autre problème non moins important qui, de tout temps aussi, a attiré l'attention des docteurs; je veux parler de la transaction relative aux aliments.

Sans examiner quel était, sur cette question, le système des lois romaines, reportons-nous aux dispositions dans lesquelles le Code consacre, u profit des parents et de leurs enfants, le droit réciproque de se fournir les aliments nécessaires à la vie. C'est aussi sur ces aliments, qu'il appelle aliments dus *jure sanguinis et naturæ*, que M. Troplong porte tout d'abord son attention. La question qu'il se pose de savoir s'il est possible de transiger sur une difficulté ayant ces aliments pour objet nous semble parfaitement surabondante. De deux choses l'une, en effet : ou l'enfant qui a transigé avec son père sur les aliments que celui-ci lui doit est dans le besoin, ou, au contraire, il est dans une position supérieure au besoin. Au premier cas, il pourra bien certainement, nonobstant la transaction, réclamer de son père l'exécution de la dette dont il avait cru se décharger en transigeant, car cette dette, suivant les expressions de M. Troplong lui-même, se rattache à une qualité naturelle et indestructible, qui subsiste avec tous les devoirs qu'elle comporte, aux arrangements qui pourraient survenir entre l'alimentaire et le débiteur des aliments. Au second cas, et si l'enfant vient réclamer à son père des aliments qu'il peut très bien se procurer lui-même, le père pourra lui répondre en invoquant la loi et sans avoir recours à la transaction, qui, dans ce cas encore, sera complétement inutile. Nous regardons donc comme nulle et ne pouvant produire aucun effet la transaction intervenue sur des aliments dus, *jure sanguinis et naturæ*, par le père ou la mère à ses enfants, et réciproquement.

Nous disions, dès le début de cette matière, que le Code ayant posé la capacité comme règle et l'incapacité comme exception , il fallait admettre en principe la faculté pour chacun de transiger sur un objet quelconque, sauf à soustraire à l'application de cette règle générale les objets que le législateur lui-même aurait pris soin d'indiquer. On ne peut donc, pour aucun motif, introduire dans la loi une incapacité qu'elle n'a pas expressément sanctionnée, et cela quelle que soit l'induction sur laquelle on puisse se fonder. Appliquons ces principes à la transaction sur aliments dus, non plus *jure sanguinis et naturæ*, mais en vertu d'un titre quelconque, et voyons ce qu'il faut penser du système des auteurs qui regardent cette transaction comme nulle.

L'art. 544 du Code Napoléon, dirai-je tout d'abord avec la cour de cassation, décide que chacun peut disposer de ce qui lui appartient, à moins qu'une loi ne s'y oppose. Or, où trouver une loi qui interdise à l'alimentaire la faculté de disposer de la créance d'aliments qui lui appartient? Je sais bien qu'on me répondra en invoquant les termes de l'art. 481 du Code de procédure ; mais s'il résulte de cette disposition qu'on ne peut être privé d'une pension alimentaire sur les poursuites du créancier, il n'en résulte pas évidemment qu'on soit dans l'incapacité d'en disposer, ni que la cession qui en est librement consentie soit nulle. Et qu'on ne vienne pas nous opposer la disposition de l'art. 1004 du Code de procédure, qui interdit à toute personne le droit de compromettre sur une question d'aliments.

Entre le compromis et la transaction, il y a, comme nous l'avons démontré dans notre chapitre Ier, une différence assez sensible pour qu'il ne puisse jamais être permis de conclure de l'une à l'autre. Autre chose est, en effet, recourir à des arbitres, qui pourront décider en faveur de l'un, sans accorder à l'autre aucune compensation ; autre chose est terminer la contestation par une transaction, c'est-à-dire par des concessions réciproques, en cédant ou transmettant un droit par une convention volontairement consentie.

Nous croyons donc qu'en se fondant sur ces dispositions pour justifier leur système, nos adversaires n'ont obtenu qu'un résultat : introduire arbitrairement dans la loi une incapacité qu'elle ne consacre nulle part.

Mais il est un autre système que nous devons signaler, et d'après lequel la transaction nulle, si elle a été faite sans l'approbation de la justice, **est parfaitement valable**; au contraire, si elle a eu lieu avec cette autorisation.

Sur quoi se fonder pour justifier l'introduction dans notre droit du principe proclamé par la constitution de Marc-Aurèle, et que pourraient nous répondre les partisans du système en question, si, empruntant les paroles de M. Troplong, nous leur opposions ce dilemme : « De deux « choses l'une : ou la transaction est nulle ou « elle est permise. Si elle est nulle, les tribunaux « n'ont pas qualité pour communiquer aux par-

« ties une capacité que la loi ne leur donne pas,
« et l'on se jette dans l'arbitraire en transportant,
« par voie d'imitation, dans notre droit les ga-
« ranties du droit romain. Si elle est valable,
« pourquoi les parties seraient-elles tenues
« d'aller demander au juge un supplément de
« capacité et une homologation surabondante? »

XLVII. Nous avons vu, dans nos développements sur le droit romain, que la loi 6, au Digeste,
de transact., exige, pour la validité des transactions sur choses laissées par testament, que les
parties aient lu et vu le testament; nous avons
vu, en outre, que c'était avec raison que Cujas
pensait que cette décision était mauvaise, et que
la loi 6 précitée avait été altérée par Tribonien.
Sous l'empire du Code Napoléon, il n'y a pas le
moindre doute à élever sur la validité de pareilles
transactions, et l'opinion de Cujas est la seule
vraie. Aucun texte, en effet, n'a reproduit les
idées de la loi 6, au D., *de transactionibus.*

XLVIII. Antérieurement à l'ordonnance de
1747, les opinions étaient partagées en ce qui
concerne les transactions faites par le grevé de
substitution. Les uns enseignaient que la transaction ne pouvait préjudicier au substitué; les
autres, au contraire, prétendaient qu'il pouvait
transiger sur un procès sérieux et difficile; car,
disait Cochin : « le donataire grevé de substitu-
« tion est seul propriétaire des biens chargés de
« fidéicommis; tous les droits de la propriété ne

« résident que dans sa personne, et tous les droits
« de ceux qui sont appelés après lui ne consistent
« que dans une simple espérance très fragile, etc.»
L'ordonnance de 1747 adopta à cet égard une
sage prescription, qui, tout en rendant possible
la transaction, contrat si souvent désirable, assura
les intérêts des appelés contre la légèreté possible du grevé. Elle décida que les transactions
consenties par le grevé seraient opposables aux
appelés, pourvu qu'elles eussent été homolo-
guées par le parlement, sur les conclusions du
ministère public. On doit regretter l'absence de
cette disposition dans le Code Napoléon, mais il
faut reconnaître que la loi pourrait seule introduire dans le droit nouveau les garanties de l'ordonnance de 1747. Or, la loi ne l'a pas fait ; donc
il faut à cet égard repousser l'opinion de M. Duranton, consistant à nous replacer sous l'empire
de cette ordonnance. Il suffit d'appliquer les principes généraux. Le grevé de substitution est un
propriétaire sous condition résolutoire ; tous les
droits qu'il transmettra seront donc affectés de la
même condition résolutoire que son droit de propriété. Qu'il transige donc s'il le veut, mais qu'il
sache que les droits nés de cette transaction seront résolus dans le cas où l'un ou plusieurs des
appelés lui survivraient.

CHAPITRE IV.

EFFETS DES TRANSACTIONS.

XLIX. Ce n'est pas sans raison que l'art. 2052, reproduisant en cela le principe déjà admis chez les Romains, accorde aux transactions une autorité égale à celle du jugement rendu en dernier ressort. Les transactions, en effet, comme les jugements, ont pour effet essentiel de terminer les contestations. Leur caractère est même plus respectable et plus sacré que le caractère de la chose jugée, parce que, disait M. Tronchet en répondant au premier Consul, dans les transactions, les parties se jugent elles-mêmes.

Mais, à côté de cette assimilation, se placent des différences aussi importantes que nombreuses.

Non-seulement, en effet, les transactions peuvent prévenir une contestation à naître, privilége dont ne jouissent jamais les jugements, mais elles échappent aussi à deux voies de recours auxquelles les jugements sont soumis : la cassation, dans le cas où le jugement est contraire à la loi ; la requête civile, dans le cas où il contiendrait des dispositions contraires entre elles (art. 480, pr.). La transaction d'ailleurs est indivisible, tandis qu'un jugement passé en force de chose jugée peut être cassé ou rétracté quant à l'un de ses chefs seulement, s'il y a lieu ; et, dans ce cas, ses autres dispositions produisent tout leur effet, à moins qu'elles ne soient dépendantes de la disposition anéantie (art. 482, pr.). Le jugement, au lieu de terminer amiablement la contestation qui s'est élevée entre deux parties, et au lieu de trancher la question comme la transaction, la résout. Il détermine laquelle des deux prétentions est la plus juste, et il prononce en faveur de la partie qui la soutient, sans rien accorder à l'autre.

Dans une transaction, au contraire, l'une des parties n'abandonne sa prétention en tout ou en partie, que parce qu'elle trouve dans un sacrifice fait par l'autre une compensation à celui qu'elle fait elle-même. Enfin si nous considérons quel est, à l'égard des tiers, l'effet des deux actes que nous comparons, nous verrons que la transaction étant l'ouvrage de deux ou plusieurs volontés particulières, auxquelles nul n'est tenu de se soumettre, elle tombe tout naturellement sous l'application de l'art. 1165, d'après lequel les conventions ne nuisent ni ne profitent aux tiers. Le jugement ne peut non plus, en règle générale, nuire ni profiter aux tiers, mais il peut cependant, dans certains cas, être momentanément exécuté au préjudice de certaines personnes, qui sont alors obligées de l'attaquer par la voie de la tierce-opposition.

L. Il peut arriver souvent, comme nous venons de le voir, qu'une transaction présente dans ses effets plus de stabilité que le jugement rendu en dernier ressort ; mais pour donner encore une garantie nouvelle à son exécution, les parties peuvent stipuler une clause pénale contre celle d'entre elles qui manquera d'exécuter la convention ; et de là naît la question de savoir s'il faut appliquer à cette clause pénale les principes ordinaires résultant de l'art. 1229, ou si, au contraire, la partie en faveur de laquelle a été ajoutée la clause pénale peut, en se fondant sur la nature particulière du contrat, demander tout à la fois et la peine et l'exécution de la transaction.

Deux lois romaines, la loi 10, D., *de pactis*, et la loi 122, § 6, *de verborum obligat.*, présentent sur cette question des solutions contradictoires. Sans chercher quelle peut être l'espèce particulière à laquelle s'applique chacun de ces textes, sans examiner ce que peut avoir de bien ou de mal fondé l'interprétation qu'en a donnée Pothier et la conciliation qu'il propose, nous regardons l'intention des parties comme la base unique sur laquelle on puisse s'appuyer, pour arriver à une solution satisfaisante de la difficulté.

M. Delvincourt a cherché aussi comment on pourrait concilier les deux lois dont s'occupe Pothier; voici comment il raisonne (1) :

« Ou la clause pénale a eu pour motif d'in-
« demniser le créancier du dommage que pour-

« rait lui causer la rescision de l'acte, ou seule-
« ment de lui éviter un procès.

« Dans le premier cas, si le créancier a opposé
« l'exception de pacte, de ratification résultant
« de la clause pénale, il ne pourra plus demander
« l'exécution de cette même clause ; car, puis-
« que nous supposons que la stipulation pénale
« avait pour principal motif d'empêcher l'annu-
« lation de l'acte, la non-annulation est donc
« dans ce cas le principal. Or, lorsqu'en opposant
« le second pacte, le créancier a obtenu que le
« premier contrat ne serait pas annulé, il a le
« principal, il ne peut donc exiger la peine.

« Mais lorsque la clause pénale a eu pour mo-
« tif d'éviter un procès, dès que le procès a eu
« lieu, le créancier n'a pas obtenu le principal ;
« il peut donc exiger la peine.

« Pour reconnaître quel a été le but des par-
« ties en stipulant la clause pénale, on se déci-
« dera principalement, continue le jurisconsulte,
« par la nature de l'acte, pour le maintien du-
« quel la clause pénale a été ajoutée. Si, par
« exemple, cet acte est une transaction, comme
« la transaction suppose dans les parties le désir
« d'éviter les procès, désir qui les a portées à
« faire des sacrifices mutuels pour y parvenir,
« on présumera facilement que la clause pénale
« a eu pour motif d'empêcher même toute con-
« testation. »

Est-ce là cependant un *criterium* dont on puisse

toujours se contenter, et si par exemple la transaction porte obligation, de la part des parties ou de l'une d'elles, de donner ou de faire quelque chose, devra-t-on encore s'en tenir uniquement à la nature de l'acte, décider que les parties ont voulu prévenir tout procès, et que, par conséquent, dès qu'il en a existé un, la peine est encourue, quand même le demandeur serait débouté ? Ce serait là, nous le reconnaissons, la solution qu'on devrait adopter dans le cas où la transaction aurait mis fin d'une manière complète et radicale à toute difficulté, de manière qu'il n'y eût plus rien à faire, rien à exécuter de la part des parties. Mais dans le cas contraire, il nous semble plus naturel de décider que la peine n'a été stipulée que pour le cas où les choses promises ne seraient pas exécutées ; et nous disons en conséquence, avec M. Delvincourt, que si la partie qui a intérêt à ce que la convention soit exécutée, en poursuit et en obtient l'exécution, elle ne pourra exiger la peine. Encore croyons-nous devoir ici proposer une sous-distinction et dire avec M. Duranton : si la peine stipulée était peu considérable en comparaison de la valeur des droits réclamés et que la transaction assure à la partie qui l'exécute, cette peine devrait être considérée comme convenue principalement pour le préjudice que lui ferait éprouver le défaut d'exécution volontaire de l'acte, et en conséquence la contravention ferait encourir la peine, quoique cette contravention n'eût eu aucun résultat, la transaction devant aussi être exécutée. Mais si la peine n'était pas visiblement d'une valeur inférieure à ce que l'une des parties devait encore faire pour l'autre en exécution de la transaction, alors cette dernière partie n'aurait que le choix entre exiger la peine pour cause d'inexécution, ou conclure à l'exécution de la transaction dans toute sa teneur.

Il est donc certains cas où la clause pénale, ajoutée à une transaction, déroge à la règle générale consacrée par l'art. 1229, tandis que, dans d'autres, au contraire, elle lui reste fidèle. Nous avons dit que l'intention des parties est le guide le plus sûr à suivre pour arriver à bien les distinguer. Mais comment la découvrir? En s'enquérant tout d'abord de la nature du contrat ; si c'est une transaction, de la manière plus ou moins radicale dont elle termine la contestation, et si elle laisse encore quelque chose à faire aux parties ou à l'une d'elles, du plus ou moins d'élévation de la somme stipulée à titre de peine. Tels sont les trois éléments que devra toujours consulter le juge, désireux d'arriver à une saine interprétation du contrat et de la clause additionnelle qu'il renferme. Ajoutons, pour terminer cette question, que si, après avoir payé la peine, vous obtenez l'annulation de la transaction, vous pourrez répéter, par une *condictio indebiti* ou *sine causa*, ce que vous aurez donné.

LI. Quelle que soit la faveur dont les transactiors jouissent aux yeux du législateur, on ne peut néanmoins en étendre les effets à des objets autres que ceux sur lesquels on a transigé. C'est ainsi que, quand, par suite d'une transaction faite avec l'héritier d'un débiteur en sa qualité d'héritier, j'ai renoncé à tous mes droits, actions et prétentions, cette renonciation ne devra comprendre que les droits que j'avais contre la succession et non pas ceux que je pourrais avoir contre l'héritier personnellement. C'est ainsi encore qu'une personne, qui avait été chargée avant la loi du 17 novembre 1792 d'une substitution prohibée depuis, pourra très bien invoquer le bénéfice de cette loi, quoiqu'elle se fût engagée antérieurement, par une transaction, à maintenir et exécuter la substitutior dont elle était chargée. Dans ce cas, en effet, la transaction ne pouvait avoir pour objet la nullité résultant contre elle de la loi de 1792, dont rien ne pouvait alors faire prévoir la survenance. Les transactions ne peuvent donc s'appliquer qu'aux objets qui y sont compris, et, relativement à ces objets, elles ne règlent que les contestations qui ont été spécialement prévues par les parties dans leurs conventions. Mais ce n'est pas tout.

Aux termes de l'art. 2051, « la transaction faite « par l'un des intéressés ne lie point les autres « intéressés et ne peut être opposée par eux. » Nous avons déjà rencontré ce principe en droit romain, dans la loi 3, D., *de transact.*, où il est parfaitement mis en relief par une espèce tirée d'une transaction intervenue pour prévenir une *querela testamenti inofficiosi*. Nous savons quel était le résultat du principe appliqué à cette espèce particulière. La règle qui, de la loi 3, D., *de transact.*, a passé dans l'art. 2051 du C. Nap., est complétement d'accord avec l'équité et avec les principes généraux du droit. Elle n'est en effet que l'application aux transactions du principe général de l'art. 1165, aux termes duquel un contrat, quel qu'il soit, ne peut produire d'effet qu'entre les parties contractantes et ne peut dès lors ni profiter ni nuire aux tiers. A cet égard donc la transaction ne reçoit pas de principe particulier. Elle est sur la même ligne que tous les contrats. Elle liera donc les parties contractantes et par voie de conséquence leurs héritiers et leurs ayant-cause. Mais, et c'est l'idée que semble surtout vouloir faire ressortir la rédaction de l'art. 2051, elle ne pourra être opposée à un tiers, ce tiers fût-il le coïntéressé de l'une des parties; et dans le même cas cette connexité d'intérêt ne suffirait pas davantage pour qu'on dût lui accorder le droit de s'en prévaloir.

LII. Le lien d'indivisibilité ou de solidarité existant entre plusieurs cocréanciers ou plusieurs codébiteurs, ne pourrait-il pas cependant modifier, dans certains cas, la règle édictée par notre article? A cet égard nous allons examiner les diverses espèces prévues et traitées par M. Duranton, qui sur cette matière s'est montré le seul auteur complet et vraiment consciencieux.

Prenons d'abord le cas d'indivisibilité. Trois personnes sont copropriétaires d'un héritage qui a un droit de servitude douteux sur l'héritage voisin. L'une d'elles transige avec le propriétaire de ce dernier héritage, et par suite de cette transaction, moyennant un léger sacrifice, le droit de servitude sera désormais incontesté. Nous pensons que les copropriétaires peuvent invoquer la transaction, parce que l'état de copropriété dans lequel ils se trouvent et dans lequel ils sont jusqu'ici restés volontairement suppose nécessairement qu'ils se sont donné mutuellement mandat de rendre leur condition meilleure. Mais alors, s'ils usent du droit d'opposer la transaction à leur voisin, ils jugent donc, en usant de ce droit, que leur position est devenue meilleure; ils devront dès lors indemniser leur copropriétaire comme tout autre mandataire, et cela en proportion de leur part dans la propriété de l'héritage commun. De ce qu'ils peuvent opposer cette transaction à leur voisin, en résulte-t-il que leur voisin puisse la leur opposer? La question se présenterait dans le cas où leur copropriétaire aurait, comme concession, consenti à limiter la servitude, à en rendre le mode moins onéreux pour le propriétaire du fonds servant. La question devra recevoir ici une solution différente, selon les divers cas particuliers dans lesquels elle se présentera. Il faudra répondre affirmativement si la position des copropriétaires a été rendue meilleure par la transaction, négativement dans le cas contraire, et ce

sera là une question de fait à décider par les tribunaux. Réciproquement, si une personne prétendant
avoir un droit de servitude sur l'héritage voisin
du sien, transige avec l'un des copropriétaires de
cet héritage, il ne pourra opposer la transaction
aux autres copropriétaires dans le cas où elle
reconnaîtrait l'existence de la servitude, sauf son
action contre celui avec lequel il a transigé, si
celui-ci s'est porté fort pour ses copropriétaires ,
et que ces derniers ne veuillent pas ratifier.
D'autre part, tant que le fonds demeurera indivis,
il ne pourra pas prétendre à l'exercice du droit
de servitude en vertu de la transaction, à cause
de la nature indivisible de la servitude. Si le partage a lieu, il ne pourra tirer de la transaction
l'avantage qu'il en espérait qu'autant que celui
des copropriétaires qui a transigé avec lui devien-
drait seul et unique propriétaire du prétendu
fonds servant. Pourrait-il en conséquence demander des dommages-intérêts à ce copropriétaire dans le cas où n'étant pas devenu seul et
unique propriétaire du fonds servant il ne pourrait
pas exécuter la transaction? Evidemment non, car
ce propriétaire lui répondrait victorieusement : je
ne vous ai pas promis la ratification de mes copropriétaires, je ne me suis pas donné comme seul
et unique propriétaire du fonds, vous saviez que
j'avais des copropriétaires et que je ne pouvais
les lier par ma transaction. Je vous devrais des
dommages-intérêts, si c'était par mon fait que la
transaction ne s'exécutât pas ; mais je n'ai rien

fait pour arriver à ce résultat. Donc, je ne vous dois pas de dommages-intérêts. Si ce copropriétaire avait déjà reçu ce qu'on lui avait promis en retour de la reconnaissance du droit de servitude douteux, il pourrait être contraint à le restituer, de même qu'il ne pourrait l'exiger s'il ne l'avait pas encore reçu. Si le prétendant droit à la servitude en avait fait abandon par la transaction, moyennant quelque chose que doit lui payer ou que lui a payé celui des copropriétaires avec lequel il a ... ité, nous croyons que les autres copropriétaires peuvent se prévaloir de la transaction en indemnisant leur copropriétaire. Nous en avons donné les motifs plus haut.

La transaction faite par le créancier avec l'un des débiteurs solidaires ne saurait être opposée aux autres. De quel droit la situation commune pourrait-elle être aggravée par le fait d'un seul ? Mais peuvent-ils eux-mêmes s'en prévaloir pour profiter de la remise qui y aurait été faite à leur codébiteur? Ici il faudra distinguer. Si la transaction a eu lieu sur un moyen purement personnel au débiteur avec lequel le créancier a transigé, la question sera fort difficile. Prenons une espèce : Pierre avait pour débiteurs solidaires d'une somme de 4,000 fr. Primus, Secundus, Tertius et Quartus; Quartus prétendait s'être obligé en minorité. En supposant le fait exact, le créancier eût pu demander 4,000 fr. à chacun des trois autres, lesquels n'auraient eu aucun recours contre Quartus. En le supposant faux, ils auraient eu recours

contre lui. Or le créancier, moyennant la somme
de 400 fr., a transigé avec Quartus et s'est engagé
à ne pas le poursuivre ; il est évident qu'il pourra
encore poursuivre les codébiteurs de Quartus;
mais pour quelle somme? Il ne pourra certainement dans aucun cas leur demander les 400 fr.
qu'il a reçus, mais pourra-t-il leur demander
3,600 fr. au lieu de 3,000 fr., en leur disant
qu'après avoir payé toute la dette, ils n'auraient
eu contre leur codébiteur qu'un recours complétement inefficace, car il aurait pu leur opposer la
nullité de son obligation résultant de la minorité?
Cette exception de minorité, répondront les codébiteurs au créancier qui les poursuit, ne pouvait vous être opposée que par Quartus. Pour
nous, nous ne pouvions vous l'opposer en aucune
façon, pas même pour la part de Quartus. Recourir contre ce dernier, telle était notre seule
ressource, encore ce recours eût-il été inefficace
si Quartus était réellement mineur au moment de
l'obligation. Mais c'était là un fait contestable, et
il l'était tellement qu'il a été l'occasion d'une
transaction. Nous aurions donc pu soutenir contre
Quartus qu'il devait nous rembourser sa part inté-
grale. Vous nous avez privés sans raison de cette
action, qui eût pu se terminer par un jugement
favorable à nos intérêts ; vous avez donc éteint
absolument et vis-à-vis de tous la part de Quartus
dans la dette commune. J'ai géré votre affaire et
non la mienne, pourra répondre le créancier, car
le seul fait de la solvabilité de l'un de vous m'évi-

tait évidemment tout préjudice. Ma gestion a-t-elle été bonne ou mauvaise? vous a-t-elle été utile ou ne vous procure-t-elle au contraire aucun profit? Là est toute la question. J'agis contre vous pour 3,000 fr. en vertu du contrat primitif, et pour 600 fr. en vertu d'un quasi-contrat postérieur. Si vous prouvez qu'en faisant à votre codébiteur remise partielle de sa dette, j'ai agi contre vos intérêts, je ne pourrai vous contraindre à me payer la somme supplémentaire de 600 fr. Quant aux 3,000 fr. il est bien évident qu'ils continuent à m'être dus, la transaction intervenue entre moi et Quartus offrant dans l'espèce tous les caractères d'un pacte *in personam*.

Dans le cas où une transaction est intervenue avec l'un des débiteurs solidaires, en considération de quelque difficulté s'élevant sur l'existence même de la dette ou sur sa validité, il faudra distinguer si le créancier a réservé expressément ses droits contre les autres codébiteurs, ou si, au contraire, il ne l'a pas fait. S'il a pris cette précaution, il pourra encore demander aux autres débiteurs le paiement de la dette, nonobstant la transaction, sans la déduction, toutefois, de la part du débiteur avec lequel il a transigé, et de la part qu'il pourrait avoir à supporter dans la perte résultant de l'insolvabilité de certains codébiteurs. S'il a négligé de réserver ses droits, la transaction pourra lui être opposée par tous les codébiteurs (argum. de l'art. 1285).

LIII. La caution peut, en principe général,

opposer la transaction faite par le débiteur principal. Nul ne le conteste, mais il y a quelques difficultés sur le cas où cette transaction aurait eu lieu en considération d'une exception personnelle que le débiteur pouvait opposer au créancier. Supposons que le débiteur prétendait, comme dans l'espèce précédente, s'être engagé en minorité. Si le créancier a réservé ses droits contre la caution, il est évident qu'elle ne pourra pas opposer la transaction; mais la question de recours restera entière entre elle et le débiteur principal. Le créancier peut donc poursuivre l'exécution de la transaction vis-à-vis du débiteur et le paiement de la dette vis-à-vis de la caution, mais de telle sorte qu'il ne reçoive pas au-delà de ce qui lui est dû, et sauf la question de recours, qui reste entière, ainsi que nous l'avons déjà vu. Mais si le créancier n'a pas réservé ses droits contre la caution, nous appliquerons l'art. 1287, et, regardant la transaction comme une remise conventionnelle d'une partie de la dette, nous dirons que la caution peut opposer cette transaction au créancier. Si c'est, au contraire, avec la caution que le créancier a transigé, le débiteur principal ne peut se prévaloir de la transaction, puisque la remise faite à la caution ne profite pas au débiteur, aux termes de l'art. 1287, qui est tout aussi bien applicable, dans l'espèce, que l'art. 1288.

CHAPITRE V.

DE LA PREUVE DE LA TRANSACTION.

LIV. La transaction est-elle, comme la donation et le contrat de mariage, un contrat solennel?
L'art. 2044 a-t-il voulu faire de l'écrit dont il
parle une condition indispensable d'existence du
contrat, ou ne l'a-t-il considéré, au contraire, que
comme un moyen de rendre plus sûre et plus
facile la preuve du contrat? Telle est la question
que se sont posée les interprètes, et ils ont été
unanimes à la résoudre en ce sens que l'écriture, dans la transaction, est exigée seulement
ad probationem et non pas *ad solemnitatem*. Telle
est aussi l'opinion à laquelle nous croyons devoir
nous arrêter, et nous puisons à cet égard un premier élément de conviction dans les paroles
que prononça, devant les membres du Tribunat,
M. Albisson, rapporteur de la commission chargée
d'élaborer le projet de loi. Après avoir énuméré
les différentes conditions nécessaires à la validité
des transactions, M. Albisson dit : « La seule con
« dition que le projet ajoute, et qui devait l'être
« par rapport à la nature particulière de la tran
« saction, c'est qu'elle soit rédigée par écrit, ce
« qui est infiniment sage, car la transaction de
« vant terminer un procès, c'eût été risquer d'en

« faire naître un nouveau que d'en laisser dé-
« pendre l'effet de la solution d'un problème sur
« l'admissibilité ou les résultats d'une preuve tes-
« timoniale. » Suivant le tribun, l'écriture ne
serait donc exigée que pour la preuve, et non pas
comme condition d'existence. Mais il est d'autres
arguments sur lesquels nous pouvons nous appuyer. En effet, sans rappeler quel était le principe
qu'adoptaient sur cette matière les jurisconsultes
romains, principe contenu dans la loi 28, C., h. t.,
nous ferons remarquer, avec la cour de Nancy,
que si le législateur a prescrit l'écriture pour la
transaction, il ne l'a pas fait à peine de nullité,
comme dans le cas de l'art. 931, relatif à la donation entre vifs, et qu'il n'a pas non plus employé
les termes impératifs des art. 1394 et suivants,
concernant les conventions matrimoniales. Qu'on
se reporte, enfin, à l'art. 2085 du Code civil : la
disposition de cet article n'est-elle pas aussi concluante en faveur du système que nous soutenons
que la disposition si formelle de l'art. 931 ? N'est-
ce pas à dessein que le législateur évite d'employer, dans cet article, le mot *rédigé*, qu'il avait
employé dans l'art. 2044 ? et dire que l'antichrèse
doit être *établie* par écrit, n'est-ce pas faire de
l'écriture une condition essentielle de ce contrat ?
Nous nous croyons donc autorisés à traduire ainsi
la disposition du second alinéa de l'art. 2044 :
en matière de transaction, la preuve testimoniale
ne pourra être admise, quand même l'objet de ce
contrat serait inférieur à 150 fr., et encore bien

qu'il y ait commencement de preuve par écrit. Et l'on conçoit sans peine que le législateur se soit montré si exigeant et si sévère en ce qui concerne la preuve de la transaction. Qui dit transaction, en effet, dit un contrat renfermant des clauses aussi nombreuses que compliquées, trop souvent rédigées avec assez d'obscurité, et toujours si étroitement unies entre elles que la nullité de l'une entraîne forcément la nullité de toutes les autres. Comment, dès lors, s'en rapporter, pour la preuve à faire, au témoignage d'une personne quelconque, et quelle mémoire assez heureuse, quelle attention assez soutenue et assez puissante pour retenir une à une toutes les clauses de ce contrat? La transaction peut donc être faite verbalement et sans écrit, comme la vente, comme le prêt, comme le cautionnement ou tout autre contrat? non solennel; mais, à la différence de ces contrats, la transaction, s'il y a contestation sur son existence, ne pourra être prouvée par témoins, même avec un commencement de preuve par écrit.

LV. L'aveu, le serment et l'interrogatoire sur faits et articles, tels sont les trois modes de preuve qui peuvent seuls remplacer l'*instrumentum* dont les parties n'ont pas eu soin de se prémunir. Encore n'est-ce pas sans contestation qu'on admet le serment et l'interrogatoire comme modes de preuve applicables aux transactions. L'aveu, on le conçoit, constitue un mode de preuve tellement irréfutable, tellement supérieur au doute, il renferme un tel élément de conviction, qu'aucun jurisconsulte et ceux-là même qui se sont montrés le plus exclusifs dans la question qui nous occupe, n'ont pensé un seul instant à en contester l'autorité. Mais il en est plusieurs au contraire, et des plus éminents, qui, suivant les principes de M. Troplong, regardent comme n'étant pas sérieuse aux yeux de la loi toute transaction qui n'a été ni avouée, ni rédigée par écrit. C'est la nature particulière de la transaction, et l'intention qu'ont eue les parties entre lesquelles elle est intervenue, que M. Troplong prend pour point de départ du système qu'il professe et en vertu duquel le serment ne peut être admis en matière de transaction. Le serment litisdécisoire est un moyen de preuve qui répugne à la nature de ce contrat, dit-il ; il suppose un procès sur la preuve, et la loi ne veut pas qu'il puisse y en avoir. Mais n'est-ce pas exagérer beaucoup la portée de l'exception que fait au droit commun la disposition de l'art. 2044 ? Sans doute nous ne disons pas avec M. Merlin qu'on peut établir une parité complète entre l'art. 2044 d'une part et les art. 1834 et 1923 de l'autre, car si ces derniers rappellent le droit commun et se lient à toutes les dispositions de droit commun qui règlent la preuve des obligations, l'art. 2044 au contraire est exceptionnel du droit commun. Cette exception, toutefois, doit être restreinte dans son application ; elle ne peut avoir toute la généralité que lui attribue M. Troplong, car le législateur prend soin de déclarer dans les articles 1358 et 1360 que le serment décisoire peut être déféré sur quelque espèce de contestation que ce soit. N'est-ce pas là une disposition évidemment applicable à l'espèce, et ne suffirait-elle pas à elle seule, si la raison ne venait se joindre encore au texte de la loi pour démontrer toute l'inanité des motifs sur lesquels M. Troplong fonde son système ? N'est-ce donc pas avoir assez fait pour la transaction que de l'avoir soustraite aux dangers de la preuve testimoniale, et faut-il encore dire que la preuve par serment ne peut lui être appliquée parce qu'elle suppose une contestation, un procès, et que les parties ont voulu éviter tout procès ? Mais c'est là, au contraire, un mode de preuve des plus favorables, puisqu'il laisse à la conscience des parties et à leur bonne foi le soin de terminer le débat, si toutefois on peut dire qu'il y a débat dans le fait par deux personnes de comparaître devant un tribunal, qu'elles se contentent de prendre à témoin du serment par lequel elles terminent leur contestation.

M. Troplong, on le comprend, devait arriver forcément à regarder l'interrogatoire sur faits et articles comme inapplicable aux transactions. Quant à nous, des raisons analogues à celles que nous venons de développer, en ce qui touche la preuve par serment, nous conduisent encore au résultat immédiatement contraire. L'art. 324 du Code de procédure civile dit en effet que les parties peuvent en toute matière et en tout état de cause demander de se faire interroger respectivement sur faits et articles pertinents, concernant seulement la matière dont est question. C'est là un argument que nos adversaires semblent éviter et auquel ils ne répondent qu'en disant avec M. Troplong : pourquoi ouvrir la lutte judiciaire sur l'existence d'un acte destiné à la fermer? Quoi qu'il en soit, les parties, pour éviter toute difficulté sur le mode de preuve à appliquer à la transaction, feront toujours sagement de rédiger un écrit, qu'il soit authentique ou sous seing privé, peu importe.

LVI. Quand les contractants constatent leur transaction par un acte sous seing privé, ils doivent le rédiger en autant d'originaux qu'il y a d'intéressés. La transaction est un contrat synallagmatique; on doit dès lors observer les formalités exigées par l'art. 1325. Mais la transaction peut être suivie d'un acte d'exécution qui met fin à tous les rapports que les parties avaient entre elles. Ainsi, Paul me demande 20,000 fr. Je prétends ne pas être son débiteur, et une transaction intervient qui prévient le procès à naître, et en vertu de laquelle je paie à Paul une somme de 10,000 fr., moitié de la somme qu'il me réclamait. La quittance qui constatera le paiement, quoique non rédigée en double original, suffira aussi pour prouver la transaction. Et en supposant encore qu'il n'y ait pas eu de paiement effectif, si j'avais souscrit en faveur de Paul un billet de 10,000 fr. dans une forme unilatérale, ce billet n'en serait pas moins bon, car il n'a pour but que la preuve d'une obligation unilatérale.

L'acte sous seing privé et l'acte notarié ne sont pas les seules formes sous lesquelles puisse se produire la preuve des transactions. Souvent aussi elle résulte d'un procès-verbal dressé par le juge de paix en bureau de conciliation. Ce procès-verbal, aux termes de l'art. 54 du Code de procédure civile, donne à la transaction la force d'obligation privée. Est-ce à dire qu'il ne participe en rien de la nature de l'acte authentique ? Certainement non, car il fait foi de sa date tout aussi bien que l'acte authentique, et n'est pas soumis à la vérification d'écriture. Ajoutons, d'ailleurs, que le procès-verbal a été reçu par un officier public compétent et avec les formalités requises, ce qui caractérise bien l'acte authentique (art. 1317). La loi ne peut donc lui enlever le caractère d'acte authentique ; seulement elle lui ôte laforce exécutoire, c'est-à-dire 1° que le procès-verbal de conciliation ne peut jamais être revêtu de la formule exécutoire, ni par conséquent servir de titre pour exécuter mobilièrement ni immobilièrement ; 2° que ce procès-verbal ne peut jamais conférer d'hypothèque ni générale, ni spéciale, parce que l'hypothèque générale ne résulte que des jugements et actes judiciaires ou de la loi même, et que l'hypothèque spéciale ou conventionnelle ne peut être consentie que par un acte passé en forme authentique devant deux notaires ou devant un notaire et deux témoins (art. 2117 et

2127); 3° qu'on peut cependant, en vertu d'un procès-verbal de conciliation et sans permission du juge, arrêter entre les mains d'un tiers les sommes et effets appartenant au débiteur ou s'opposer à leur remise, parce que la saisie-arrêt ou opposition est un acte purement conservatoire, que la loi permet de faire en vertu de titres authentiques ou privés (C. de pr. civ., art. 557).

LVII. M. Troplong regarde comme une transaction, le fait par deux personnes de remettre à un tiers amiable compositeur un blanc-seing sur lequel ce dernier est autorisé à écrire les pactes qui doivent les mettre d'accord. Pour nous, loin de nous contenter de dire, avec l'éminent jurisconsulte que nous venons de citer, que c'est là peut-être s'écarter d'une parfaite exactitude, nous déclarons ne pouvoir reconnaître dans cet acte le caractère essentiel d'une transaction. N'est-ce pas, en effet, un tiers choisi par les parties, qui dans l'espèce les juge en dernier ressort, et ne faut-il pas, au contraire, pour qu'il y ait transaction, que les parties se jugent elles-mêmes, sans avoir recours à aucune autre personne? C'est donc là un compromis et non pas une transaction. De là toutes les différences que nous avons signalées, dans le chapitre Ier, entre le compromis et la transaction. Quant à la validité de l'acte, abstraction faite de sa nature particulière, elle ne peut, selon nous, être l'objet d'un doute sérieux. L'amiable compositeur a reçu, en effet, un mandat valable; il suffit qu'il en ait usé sans dépasser ses pouvoirs.

LVIII. Parmi toutes les formes que peuvent revêtir les transactions considérées au point de vue des actes qui servent à les constater, il en est une que l'on connaît dans la pratique sous le nom de *jugement d'expédient* ou *jugement convenu*.

« On appelle jugement d'expédient, » dit Carré, « celui qui est prononcé du consentement des « parties, qui, se rendant volontairement justice « sur l'objet de leur différend, arrêtent *de concert* « *le dispositif* du jugement qui doit le terminer. » Ce n'est pas là, du reste, une innovation, et nous trouvons au Digeste, entre autres textes, un fragment d'Ulpien qui nous semble désigner de la manière la plus claire le jugement d'expédient. « *Si convenerit inter litigatores,* » dit le jurisconsulte, « *quid pronuntietur : non abs re erit, judicem* « *hujus modi sententiam proferre.* » Pierre et Paul sont en contestation sur la propriété de la maison A. Cette contestation se termine par une transaction, et au lieu de relater les clauses de leur contrat dans un acte sous seing privé ou dans un acte notarié, les parties arrêtent d'accord le dispositif d'un jugement qui adjuge la maison à Pierre et accorde à Paul, comme dédommagement, une somme de 7,000 fr. Les avoués des deux parties signent ensuite cet acte, et, sur la présentation qui lui en est faite, le tribunal approuve et prononce. Tels sont les faits qui constituent un jugement d'expédient : 1° rédaction d'un dispositif de jugement par les parties ; 2° homologation pure et simple par le tribunal de l'acte qu'on lui présente.

Si, au contraire, nous supposons que les parties, au lieu de rédiger un dispositif de jugement, s'entendent pour poser de simples conclusions, le rôle du juge, dans ce cas, ne se bornera plus seulement à proclamer le résultat de la volonté des parties, comme dans l'espèce précédente, mais il aura toute liberté de statuer comme il lui semblera juste, et l'opération sera en tous points un véritable jugement.

En conséquence, toutes les fois que nous rencontrerons : 1° des conclusions posées à l'audience, fussent-elles rédigées d'accord, 2° libre sentence émanée du juge après examen, il y aura jugement proprement dit, et rien autre chose.

De là, il résulte que dans l'espèce que nous avons supposée ci-dessus, Pierre et Paul ne s'étant pas contentés de simples conclusions, mais ayant, au contraire, rédigé un dispositif de jugement qui bornait le rôle de juge à proclamer l'accord de leurs volontés, c'est une véritable transaction qui est intervenue entre eux. Aussi cette opération sera-t-elle valablement attaquée, le cas échéant, non par la voie de l'appel, ce qui serait la traiter comme un jugement véritable, mais par simple action en nullité, comme pure convention privée, « attendu, dit Merlin, que l'autorité de « la justice, que l'on fait intervenir dans ces con- « ventions, les rend coactives et exécutoires, « mais n'en détruit pas l'origine, laquelle est « purement privée. »

Une seconde conséquence de la distinction que nous avons faite, c'est que si Pierre et Paul, au jour où est intervenu le jugement d'expédient, n'étaient pas capables de transiger, il s'ensuivra que ledit jugement n'acquerra pas, comme un jugement ordinaire, l'autorité de la chose jugée, mais restera soumis à l'action en rescision, comme une simple convention privée, « attendu, « disent MM. Guyot et Merlin, que les jugements « rendus du consentement des parties sont plutôt « des transactions que des décisions; ce qui fait «.qu'ils n'acquièrent l'autorité de la chose jugée « que quand ils ont été rendus entre personnes « capables de transiger. »

Enfin, si le jugement d'expédient était entaché de dol, il ne pourrait être attaqué, comme les jugements ordinaires, par la voie de la requête civile; seulement il y aurait lieu à appliquer, dans ce cas, les art. 1109 et 1304 du Code Napoléon.

CHAPITRE VI.

DE LA RESCISION DES TRANSACTIONS.

LIX. Après avoir posé dans l'art. 2052 le principe de l'irrévocabilité des transactions, en disant qu'elles ont entre les parties l'autorité de la chose jugée en dernier ressort, le Code examine quelles sont les causes qui peuvent les faire rescinder. Sans nous astreindre à suivre l'ordre dans lequel sont placées dans le Code ces différentes causes de rescision, nous examinerons tout d'abord ce qui est relatif à l'erreur sur la personne ou sur la chose qui forme l'objet de la transaction.

Quant à la première, faut-il suivre la règle de l'art. 1110, et décider qu'elle ne sera une cause de rescision de la transaction qu'autant que la considération de cette personne aura été la cause principale de la transaction? Avant de répondre à cette question, il faut bien distinguer les deux cas qui peuvent se présenter, à savoir : le cas où l'erreur dans la personne se confond avec l'erreur sur l'objet de la contestation, et le cas où il y a purement et simplement erreur dans la personne, abstraction faite de l'objet. Dans le premier cas, la transaction est nulle, faute de cause, car il n'y a aucune contestation, il n'y a aucun procès entre les deux personnes qui sont mises en présence. Ainsi, mon oncle, dont je suis l'héritier, ayant fait un legs à *Primus*, une personne du nom de *Primus*, mais qui n'est pas celle à laquelle le legs a été fait, se présente pour le recueillir. Des difficultés s'élèvent entre nous, et nous transigeons; cette transaction est nulle, car il n'y a pas de transaction sans un procès à prévenir ou à terminer, et la réclamation qui m'est faite est sans aucun fondement. Mais supposons qu'il y a purement et simplement erreur sur la personne. La personne qui se présente à moi, et à laquelle nous donnons le même nom que dans l'espèce précédente, est bien celle à laquelle le legs a été fait; mais, tout en transigeant avec elle, je crois transiger avec une autre personne qui porte le même nom. Ici, comme on le voit, l'erreur porte uniquement sur la personne, et l'on peut se demander s'il faut appliquer la distinction de l'art. 1110 ou admettre, au contraire, la rescision dans tous les cas possibles. Nous pensons qu'il y aura toujours à décider en fait, conformément à la règle générale de l'art. 1110, si c'est la considération de la personne avec laquelle j'ai cru transiger qui m'a déterminé à contracter. La transaction sera donc valable, nonobstant mon erreur sur la personne, si j'ai eu pour but principal d'éviter un procès, et s'il est prouvé que j'eusse également transigé et aux mêmes conditions, quand même je n'eusse pas été dans l'erreur. Le législateur pouvait donc se dispenser de poser dans l'art. 2053 l'erreur sur la personne comme une cause de nullité, puisque l'art. 1110 consacrait déjà ce principe. L'art. 2053 est utile, au contraire, dans le système que nous repoussons, puisqu'il établit une règle spéciale à la matière des transactions, à savoir, que l'erreur sur la personne est toujours une cause de nullité, sans que le juge ait à examiner, en fait, si la considération de la personne avec laquelle on a cru contracter est entrée ou non pour quelque chose dans la transaction.

L'erreur peut porter aussi sur l'objet de la transaction, abstraction faite de la personne. Que

Primus, par exemple, transige au sujet de l'immeuble A, tandis que le litige porte sur l'immeuble B, cette transaction sera nulle, car elle manque d'objet.

LX. A côté des deux causes de rescision que nous avons examinées jusqu'ici, se présentent encore d'autres causes de nullité, participant du premier chef que nous venons d'examiner, c'est-à-dire de l'erreur. La première est consacrée par l'art. 2055 : « la transaction faite sur pièces qui « depuis ont été reconnues fausses est entière- « ment nulle. » La raison de cette disposition se conçoit facilement. Ou bien, en effet, celui qui a fait usage de ces pièces savait qu'elles étaient fausses, et alors il y a de sa part un dol qui vicie le contrat ; ou bien il ignorait leur fausseté, et en les invoquant il n'a pas voulu nuire à son adversaire et l'induire en erreur, et dans ce cas encore le contrat est nul pour cause d'erreur et pour absence d'objet. La seule différence entre les deux cas, c'est que dans le premier l'erreur de l'une des parties est le résultat du dol de l'autre, tandis que dans le second l'erreur est commune aux deux parties, et il n'y a de manœuvres dolosives à reprocher à aucune d'elles.

Quant aux expressions qui terminent l'article et auxquelles pourrait se rattacher l'idée d'une nullité radicale et absolue, elles n'ont eu d'autre but, aux yeux du législateur, que de consacrer le principe d'indivisibilité des transactions. Ainsi, chez nous, à la différence de ce qui se passait à Rome, la transaction faite sur pièces qui, depuis, auront été reconnues fausses, est nulle dans toutes ses dispositions. J'ai dit : à la différence de ce qui se passait à Rome; et en effet, la loi pénult., C., *de transact.*, décide que dans le cas dont nous nous occupons, on ne devra annuler, dans une transaction, que les chefs relatifs à la pièce reconnue fausse. « Cette décision n'est pas admise « dans le projet de loi, disait M. Bigot de Préa- « meneu (se référant à la disposition de la loi « précitée); on ne doit voir dans une transaction « que des parties corrélatives, et lors même que « les divers points sur lesquels on a traité sont « indépendants, quant à leur objet, il n'en est pas « moins incertain s'ils ont été indépendants quant « à la volonté de contracter, et si les parties « eussent traité séparément sur tous les points. »

On voit, d'après l'interprétation que nous donnons de ces mots de l'art. 2055, que nous considérons la transaction dont il est question dans cet article comme seulement rescindable. Cependant, elle manque d'objet; il semble donc qu'elle devrait être non pas seulement rescindable, mais radicalement nulle, car un de ses éléments essentiels manque entièrement. Les rédacteurs du Code ne l'ont considéré que comme rescindable, et c'est ainsi, du reste, qu'ils ont considéré toute transaction manquant d'objet, ainsi que cela va nous être surabondamment prouvé par les articles 2053, 2054, 2056 et 2057. Dans le cas de notre article et des articles cités, l'action devra, par conséquent, être intentée dans les dix ans à compter de la découverte de l'erreur (art. 1304), et la transaction pourra devenir valable par l'effet d'une ratification intervenue après la découverte du vice dont ce contrat était entaché (art. 1338).

LXI. Que le Code déclare nulle toute transaction intervenue sur un procès terminé par un jugement passé en force de chose jugée, on le conçoit sans peine. Dans ce cas, en effet, la transaction manque de base ; elle est sans cause, car toute contestation, toute incertitude a pris fin pour laisser place à un droit désormais certain et incontesté. Mais pour qu'il en soit ainsi, il faut que le jugement passé en force de chose jugée soit ignoré des deux parties ou *de l'une d'elles seulement*. Faut-il prendre ces derniers mots à la lettre et décider que la transaction sera nulle quand le jugement après lequel elle sera intervenue sera ignoré de la partie perdante, aussi bien que quand il sera ignoré de la partie gagnante ? Évidemment non ; il faut de toute nécessité restreindre la disposition de l'article au cas où le jugement est ignoré de la partie gagnante, la partie perdante connaissant parfaitement son existence. Dans le cas inverse, la transaction a été faite en parfaite connaissance de cause par la seule personne intéressée à en demander la nullité, par le gagnant qui savait que le procès avait été décidé en sa faveur. S'il a transigé, c'est que dans sa conscience il doutait de la justice de la sentence prononcée. Substituons donc aux termes trop généraux de l'article une disposition plus restrictive, et disons qu'il faut regarder comme nulle toute transaction intervenue sur un jugement passé en force de chose jugée, dont les parties ou la partie gagnante n'avait pas connaissance.

Il suit de là que si les parties qui transigent connaissaient l'existence du jugement rendu en dernier ressort, et qui a terminé leur procès, leur transaction serait valable. Elle aurait pour base, dans ce cas, une obligation naturelle, un devoir de conscience, et l'on peut dire que ce serait là une renonciation bien plutôt encore qu'une véritable transaction. Les Romains, appliquant cette dernière idée dans toute sa rigueur, décidaient que la transaction intervenue sur la chose jugée est nulle dans tous les cas possibles (L. 32, C., *de transact.*). Alciat et Doneau, dans leurs commentaires, admettent qu'on pouvait faire de la chose jugée l'objet d'un pacte autre que la transaction. Doneau dit en effet : « Tum autem si quod re-
« mittere velit, paciscendo id facere potest, ubi
« rem certam liberalitate remittat, transigendo
« non potest. » « Dans notre droit cette rigueur
« n'est pas admise, dit M. Troplong, en faisant
« allusion à une décision du sénat de Chambéry,
« qui admettait dans toute son étendue la déci-
« sion romaine; et si le traité intervenu entre les
« parties en connaissance de cause du jugement,
« peut ne pas mériter le nom de transaction, il

« vaut au moins comme renonciation , comme
« abandon volontaire, comme pacte sans nom. »

LXII. Mais pour que la transaction intervenue
sur un jugement soit nulle, il faut que ce jugement soit passé en force de chose jugée. Donc la
transaction serait valable, s'il y avait encore lieu
à appel, car le jugement passé en force de chose
jugée est celui qui ne peut plus être soumis à
aucune des voies ordinaires de recours , soit
parce qu'elles lui ont déjà été appliquées , soit
parce que les délais pendant lesquels on pouvait
les mettre en usage sont écoulés. Et l'on comprend
facilement que la transaction soit valable quand
le jugement peut encore être soumis à l'appel, car
il y a encore dans ce cas une contestation à terminer, un *dubius litis eventus* dont on peut craindre
le résultat.

Nous avons eu souvent l'occasion de faire remarquer avec quelle faveur la loi considère les
transactions. La paix est un bien que la loi désire
maintenir entre tous. Aussi suffira-t-il, pour
qu'une transaction soit possible, que nous ren-
contrions un *dubius litis eventus,* et qu'il y ait des
chances plus ou moins grandes de succès judiciaire pour l'une ou l'autre des parties. Les parties
ignoraient l'existence d'un arrêt souverain ou
d'un jugement rendu en dernier ressort, ou au
moins cet événement important était ignoré du
gagnant. Les parties ne seront pas censées avoir
traité en vue des voies extraordinaires de rétrac-

tation, et dès lors il y aura lieu à la rescision de la transaction. C'est là le cas prévu par l'art. 2056. Mais faudra-t-il interpréter cet article restrictivement et lui faire dire que s'il y a possibilité de soutenir avec certaine chance de succès l'existence d'ouvertures en cassation, les parties ne pourront pas, agissant en pleine connaissance de cause, transiger sur ce nouveau *dubius litis eventus*, qui menace de faire renaître le premier? Certainement, si les parties ignoraient l'existence de l'arrêt ou jugement passé en force de chose jugée, ou si même le gagnant était seul dans cette ignorance, le gagnant sera censé n'avoir eu en vue que le *dubius litis eventus* antérieur au jugement et que ce jugement a supprimé, et non le *dubius litis eventus* touchant les prétendues ouvertures à cassation. Mais il a transigé en pleine connaissance de cause sur ce nouveau *dubius litis eventus*. Pourquoi la loi viendrait-elle briser la foi jurée entre les parties, lorsque aucun vice n'entache le contrat, lorsque ce contrat n'a rien de contraire à l'ordre public et aux bonnes mœurs, et qu'il produit au contraire d'excellents résultats? L'article 2056, par la forme même de sa rédaction, nous montre que, par cette disposition, le législateur a voulu, pour prévenir le doute qui aurait pu se présenter dans le cas qu'il prévoit, prononcer la nullité du contrat pour défaut d'objet. Cet article ne s'occupe pas le moins du monde de la question de savoir quels sont les *dubii litis eventus* qui pourront former l'objet des contrats.

A partir du § 2 de l'art. 2052, les rédacteurs du Code s'occupent de questions de rescision des transactions, et non d'autres. Il s'agit ici au contraire de savoir si le *dubius litis eventus* dont nous nous occupons peut former l'objet d'une transaction. La transaction aura toujours un objet dans notre espèce. La pratique le montre chaque jour. Sur cent arrêts de cours d'appel, il y en a quatre-vingt-quinze au moins à propos desquels on peut prétendre avec plus ou moins de chances de succès qu'il y a ouverture à cassation. La question se résout donc à savoir si cette prétention forme ou non un objet licite de transaction. Or, nous le demandons, quel rapport a ce point de droit avec un article qui vient vous dire : Vous avez cru transiger sur un procès, ce procès n'existait déjà plus, il était terminé ; donc votre transaction est nulle faute d'objet ? Il faut donc écarter complétement de la discussion l'article 2056. Pour soutenir la nullité des transactions qui nous occupent, on s'est appuyé aussi sur les paroles suivantes de M. Bigot de Préameneu :

« On ne fait point mention, dans la loi, du recours
« en cassation, qu'elle autorise quelquefois contre
« les jugements qui ne sont pas susceptibles d'appel.
« Le pourvoi en cassation n'empêche pas qu'il n'y
« ait un droit acquis, un droit dont l'exécution
« n'est pas suspendue ; mais si les moyens de cas-
« sation présentaient eux-mêmes une question
« douteuse, cette contestation pourrait, comme
« toute autre, être l'objet d'une transaction. » Il

nous semble, au contraire, qu'on pourrait argumenter de ces paroles en notre faveur, et surtout de cette phrase qui termine le passage que nous avons cité et que nous demandons la permission de citer de nouveau : « Mais si les moyens de cas- « sation présentaient eux-mêmes une question « douteuse, cette contestation pourrait, comme « toute autre, être l'objet d'une transaction. » Delvincourt apporte à l'opinion adverse un argument d'une autre espèce. Voici les paroles du célèbre professeur : « Si le jugement n'était pas « susceptible d'appel, la transaction serait nulle, « quand même les parties, ou l'une d'elles, sou- « tiendraient qu'il y avait lieu à cassation. En « effet, qui jugerait la contestation? La demande « en nullité de la transaction doit, d'après les « règles de la procédure, être portée d'abord au « tribunal de première instance. Il faudrait donc « que ce tribunal examinât si un arrêt, par « exemple, est ou non susceptible d'être cassé, ce « qui est contre toutes les règles de la hiérarchie « judiciaire. » En vérité, nous ne voyons pas en quoi les règles de la hiérarchie judiciaire sont violées. Si dans le premier procès il y a eu lieu à appel, l'importance pécuniaire du procès sur la transaction étant la même, il y aura encore lieu à appel dans ce second cas, et dès lors on ne peut pas dire que le tribunal viole les règles de la hié-rarchie, puisqu'il rend un jugement sur une question née, il est vrai, d'un arrêt rendu par une juridiction supérieure, mais un jugement que cette juridiction supérieure pourra parfaitement confirmer ou infirmer. Du reste, remarquons que le tribunal n'aura pas à juger la question de savoir si l'arrêt devait ou non être cassé, mais seulement s'il y avait quelque chance de succès pour le demandeur en cassation, en un mot s'il y avait à cet égard *dubius litis eventus*. D'ailleurs, la cour elle-même qui a rendu l'arrêt dont il s'agit aura à décider la même question en appel, et il pourrait très bien se faire que, tout en considérant son arrêt comme parfaitement bien rendu, elle décidât que cet arrêt statuait sur un point de droit controversé, et que dès lors l'opinion opposée à celle de l'arrêt pouvant avoir des chances de succès en cassation, il y avait *dubius litis eventus*, et par conséquent possibilité de transaction. Une cour, en agissant ainsi, n'attaquerait pas l'autorité de ses propres arrêts. Comment donc un tribunal violerait-il les règles de la hiérarchie et attaquerait-il la souveraineté des arrêts de la cour, par cela seul qu'il reconnaîtrait l'existence d'un *dubius litis eventus* auquel cet arrêt donnerait naissance, alors surtout que la plupart du temps le *dubius litis eventus* sera parfaitement évident, qu'il y aura peut-être, sur le point de droit en question, des arrêts pour et contre de la cour de cassation elle-même? Et vous ne voulez pas permettre la transaction !

Quant à la requête civile, des raisons analogues à celles que nous venons d'invoquer pour ce qui concerne le recours en cassation, nous conduisent à décider qu'elle suffit parfaitement pour autoriser et justifier une transaction intervenue sur un jugement rendu en dernier ressort.

LXIII. Quand les parties ont transigé généralement sur toutes les affaires qu'elles pouvaient avoir ensemble, on doit penser, dit M. Troplong, dans son commentaire sur les transactions, que, d'après la règle de corrélation entre toutes les parties de la transaction, les parties n'ont souscrit aux autres dispositions que sous la condition qu'elles ne pourraient élever l'une contre l'autre de nouvelles contestations sur aucune de leurs affaires antérieures. Cette condition emporte la renonciation à tout usage des titres qui pourraient être ultérieurement découverts. Mais ce motif n'existe plus quand la transaction, au lieu de porter sur toutes les affaires que les parties pouvaient avoir ensemble, n'a porté que sur un objet unique, et qu'il vient à être reconnu, par des titres nouvellement découverts, que l'une des parties n'avait aucun droit sur cet objet. Dans ce cas, en effet, on peut argumenter contre la transaction de l'absence de cause, et cela, sans qu'on puisse répondre par une considération analogue à celle qu'on invoquait dans l'espèce précédente. Il faut donc, dit encore M. Troplong, remettre les parties dans l'état où elles étaient avant cet acte évidemment suggéré par l'erreur réciproque.

LXIV. Le législateur pose en principe, dans la seconde partie de l'art. 2052, que les transactions ne peuvent être attaquées pour cause d'erreur de droit. C'est que, en effet, il n'arrive jamais que deux personnes transigent avant de s'être parfaitement éclairées sur l'étendue et la nature précise de l'acte qu'elles vont faire, sans avoir longuement discuté leurs intérêts réciproques, et sans avoir consulté des hommes versés dans la science du droit et dans la pratique des affaires. A cela on peut ajouter que l'erreur de droit ne doit pas se supposer ou du moins s'excuser facilement, et que la transaction est toujours censée avoir une juste cause, puisqu'elle a pour résultat de concilier les parties en éteignant leurs différends. Mais rapprochons du principe de l'article 2052, la disposition de l'art. 2054 : « Il y a « encore lieu à l'action en rescision contre une « transaction, dit cet article, toutes les fois « qu'elle a été faite en exécution d'un titre nul, à « moins que les parties n'aient expressément traité « sur la nullité. » D'excellents esprits ont cru voir une antinomie entre l'art. 2054 et l'art. 2052, alinéa 2. Pour concilier cette antinomie supposée, on a soutenu que l'art. 2054 devait être restreint dans son application à l'hypothèse où c'est par suite d'une erreur de fait que l'une des parties a considéré comme valable le titre sur lequel l'autre fondait ses prétentions. Ceux qui, au contraire, n'admettent pas qu'il y ait antinomie entre ces deux articles, accordent la plus grande généralité à la disposition de l'art. 2054.

Cette question est des plus graves. Peu de

temps après la promulgation du Code Napoléon,
elle divisait déjà les chefs du parquet de la cour
de cassation. Nous allons citer d'abord les paroles de Merlin ; nous rapporterons ensuite l'o-
pinion de son premier avocat général, M. Daniels.
« Pourquoi, suivant l'art. 2054, une transaction
« faite en exécution d'un tritre nul , et par la-
« quelle il n'a pas été traité expressément sur la
« nullité de ce titre, est-elle sujette à rescision ? »
Telle est la question que se pose M. Merlin. « C'est,
« sans doute, répond-il, parce que supposer un
« titre valable par une transaction, ce n'est pas
« le reconnaître pour tel par la transaction elle-
« même, et qu'une transaction ne peut jamais,
« suivant les art. 2048 et 2049 du même Code,
« s'étendre à des objets sur lesquels ne portaient
« pas les différends que les parties ont voulu ter-
« miner ou prévenir. Or, ce motif est commun,
« et au cas dans lequel le titre a été supposé va-
« lable par erreur de droit, aussi bien qu'au cas
« où le titre a été supposé valable par erreur de
« fait. Dès lors, pourquoi voudrait-on restreindre
« au premier de ces deux cas la disposition de
« l'art. 2054 ? »

« Lorsque je transige , disait au contraire
« M. Daniels, et que les choses renfermées dans
« la transaction emportent par leur nature l'exé-
« cution d'un titre nul, il se peut bien que je sois
« recevable ensuite à demander la rescision de
« cette transaction. Mais ce serait une erreur bien
« grave que de soutenir que cette demande est

« fondée dans tous les cas possibles, à moins que
« les parties n'aient expressément traité sur la
« nullité. »

« De deux choses l'une : ou la nullité du titre
« m'était connue à l'époque de la transaction, ou
« je l'ignorais absolument. Dans le premier cas,
« il est constant que la transaction emporte une
« renonciation tacite aux moyens de nullité que
« j'aurais pu proposer avant la transaction. »

« Dans le second cas, et si à l'époque de la tran-
« saction j'ignorais la nullité du titre, je n'en
« ignorais pas l'existence, puisque l'art. 2054
« suppose une transaction faite en exécution du
« titre. J'étais donc en erreur sur les effets que
« pouvait produire ce titre, ce qui était une er-
« reur de droit qui ne doit pas empêcher l'effet
« de la transaction. »

« L'art. 2054 doit être pris dans un sens dans
« lequel il s'accorde avec l'art. 2052; or l'art. 2052
« déclare que les transactions ne peuvent être atta-
« quées pour cause d'erreur de droit, l'art. 2054
« suppose par conséquent que celui qui demande la
« rescision d'une transaction a ignoré la nullité du
« titre par une erreur de fait. C'est alors que sa de-
« mande est fondée, à moins qu'il n'ait expressé-
« ment transigé sur la nullité. Tel est le véritable
« sens de l'art. 2054 ; il y a lieu à l'action en resci-
« sion contre une transaction, lorsque, par suite
« d'une erreur de fait, elle a été conclue en exécu-
« tion d'un titre nul. » Nous croyons devoir ad-

mettre l'opinion de Merlin. Il n'y a pas selon nous d'opposition entre les deux articles. L'art. 2052 s'occupe de l'erreur considérée comme vice dont serait entaché le consentement de l'une des parties. L'art. 2054 s'occupe au contraire d'un défaut d'objet dans la transaction, défaut d'objet et dès lors défaut de cause. Nous croyons, et peu importe l'origine de notre erreur, qu'un titre présente, quant à son interprétation ou à son exécution, des difficultés, un *dubius litis eventus*. Ce *dubius litis eventus* qui forme l'objet du contrat intervenu entre nous, le point de rencontre de nos consentements, n'existe pas, puisqu'il ne peut être question de l'exécution ou de l'interprétation d'un titre nul. Donc, l'objet de notre transaction disparaissant, la transaction disparaît. Cette manière d'interpréter l'art. 2054 nous paraît la plus rationnelle. Elle arrive à une conclusion analogue à celle que propose Merlin, mais par une autre voie. Nous l'empruntons aux savants annotateurs de M. Zachariæ (1). Elle se trouvait du reste nettement indiquée, et dans l'exposé des motifs fait par M. Bigot de Préameneu, et dans le discours de M. Gillet au corps législatif (2). Or, en partant de ce point de vue, il est évident qu'il n'y a pas à rechercher si de fait l'une des parties a ignoré la nullité du titre, et encore moins si c'est par erreur de droit ou par erreur de fait qu'elle l'a supposé valable.

---

(1) T. 3, § 422, n° 3.
(2) Locré, législat. civ., t. 15, p. 423, n° 12; p. 446, n. 8.

Mais lorsqu'une transaction a été faite ainsi en exécution d'un titre nul et qu'elle ne porte pas spécialement sur la nullité de ce titre, l'exécution qu'elle reçoit elle-même la met-elle à couvert de toute réclamation ? en d'autres termes, faut-il dans ce cas appliquer aux transactions la disposition de l'art. 1338 ? Nous répondons avec Merlin que ne pas adopter l'affirmative, c'est mettre en contradiction flagrante les deux art. 2054 et 1338, c'est introduire dans le Code une antinomie insoluble. « En effet, ajoute le célèbre magistrat, la question ci-dessus revient à se demander si une prétention qui serait irrévocablement éteinte par un simple fait, dans le cas où l'on n'eût pas transigé, peut et doit revivre parce qu'au simple fait qui en aurait seul opéré l'anéantissement, l'on a pris le soin d'ajouter une transaction. La négative est évidente (1). »

Certains auteurs ont cru voir une antinomie entre les deux art. 1338 et 2054, en ce sens que la transaction dont parle l'art. 2054 devant être regardée comme une confirmation ou ratification, l'art. 2054 devait décider, comme le fait l'art. 1338, que cette confirmation emporte renonciation aux moyens et exceptions que l'on pouvait opposer à l'acte sur lequel elle porte. Nous ne nous arrêterons pas à réfuter cette opinion ; le parallèle que nous avons établi dans une de nos premières sec-

----

(1) Répert. de Jurisprud., v° Transaction.

tions entre la transaction et la confirmation suffit
pleinement pour démontrer tout ce qu'elle a de
faux et de mal fondé.

LXV. Nous avons ainsi épuisé tout ce qui est
relatif à l'erreur considérée comme cause de rescision de transaction ; voyons en quelques mots ce
qu'il faut penser du dol, de la violence et de la
lésion. Quant à ce qui concerne les deux premiers
chefs, nous nous référons complétement aux principes généraux de la théorie des conventions
(art. 1111 et 1116). La transaction sera donc annulable pour cause de violence, quand même cette
violence aurait été exercée par un tiers autre que
celui au profit duquel elle sera intervenue. Le
dol ne serait au contraire une cause de nullité
de la transaction, qu'autant qu'il serait l'œuvre
de l'une des parties, et qu'il aurait un caractère
tel, que sans lui l'autre partie n'aurait pas transigé.

Quant à la lésion, elle n'est plus dans notre
droit qu'une cause tout à fait exceptionnelle de
rescision des contrats ; et eût-elle même des effets
plus généraux que ceux que le législateur lui attribue, il est tellement évident qu'elle ne peut
s'appliquer aux transactions, que les rédacteurs
du Code auraient très bien pu le passer sous silence. Notons cependant le cas où sous les apparences d'une transaction les parties auraient déguisé un partage. Il y aurait lieu dans ce cas à

l'application de l'art. 888 : *plus valet quod agitur quam quod simulate concipitur.*

« L'erreur de calcul, dit M. Troplong, est toujours contre la volonté des contractants, elle ne tire pas à conséquence, il faut la réparer. » Mais que faut-il entendre par erreur de calcul? L'erreur de calcul consiste dans une faute commise contre les règles de l'arithmétique. Il ne faudrait donc pas la confondre avec l'erreur que commettrait une personne, en formulant dans un compte une prétention que l'autre partie regarderait comme exagérée. Si dans la réalité il y avait erreur dans ce cas, ce serait non pas une erreur de calcul, mais bien une erreur sur le fond même du droit. L'art. 2058 dans sa rédaction primitive, se terminait par un paragraphe ainsi conçu : « Mais la transaction sur un compte litigieux ne peut être attaquée pour cause d'erreur ou d'inexactitude dans les articles du compte. » Ce paragraphe disparut sur les observations de M. Tronchet. On est donc admis dans tous les cas possibles à revenir contre les erreurs de calcul et à les réparer, car elles sont toujours involontaires.

DE L'ENREGISTREMENT APPLIQUÉ
AUX TRANSACTIONS.

LXVI. Parmi toutes les questions qui peuvent se présenter dans l'étude de notre matière, il en est une qui fut, de la part de nos anciens jurisconsultes, l'objet des plus vives contraverses. Dumoulin, d'Argentré, Ferrière, Boutaric, Ludre, Tiraqueau, tous nos auteurs coutumiers en un mot se demandèrent si la transaction devait être considérée comme un acte translatif de droit, ou si, au contraire, elle était purement déclarative. Le but qu'ils se proposaient dans ses controverses, souvent si fécondes en aperçus ingénieux et profonds, n'était point seulement de déterminer dans quels cas la transaction pourrait ou non donner lieu à garantie. Une pensée encore plus pratique les inspirait dans leurs travaux : c'était celle de savoir si la transaction pouvait ou non donner lieu à la perception des droits fiscaux connus à cette époque sous les noms de droits *de quint* et *de lods et ventes*, et à côté desquels la monarchie devait établir plus tard, en 1703, le *centième denier* qui se percevait pour toute transmission de biens immeubles. Quant aux autres droits dont nous venons de parler, ils se percevaient, le droit de quint dans le cas de transmission d'un fief ; le droit de lods et ventes en cas de transmission d'une censive. Tous deux consistaient, aussi bien que le droit de centième denier, dans le paiement d'une part proportionnelle du prix de vente.

Dumoulin et avec lui d'Argentré et la plupart des anciens jurisconsultes, ne voyant dans la transaction qu'un acte déclaratif de droit, devaient nécessairement en conclure qu'elle échappait à l'application des droits de mutation. Les jurisconsultes de l'école opposée, Tiraqueau à leur tête, soutenaient au contraire que les droits de mutation étaient exigibles en cas de transaction.

Aujourd'hui l'impôt du centième denier a disparu ainsi que l'impôt du contrôle applicable seulement aux actes et consistant dans un droit fixe. La loi des 5-19 décembre 1790 est venue substituer à ces droits un droit nouveau qu'elle a appelé le droit d'enregistrement et dans lequel sont compris les droits d'acte et les droits de mutation.

MM. Championnière et Rigaud, dans leur excellent Traité, définissent l'enregistrement : « Une « formalité qui consiste dans la relation d'un « acte ou d'une mutation sur un registre à ce « destiné. Cette formalité donne ouverture à des « droits qui forment une branche considérable « du revenu public. »

« Dans l'établissement du droit, » continuent les savants auteurs, « on rencontre :

« 1° Des droits proportionnels ;

« 2° Des droits fixes ;

« 3° Des exemptions.

« Ainsi, lorsqu'un acte est présenté à l'enre-

« gistrement, le receveur doit d'abord examiner
« s'il est soumis au droit proportionnel ou seule-
« ment au droit fixe, ou s'il est exempt de toute
« perception, en d'autres termes, si un droit est
« exigible et quel est ce droit. » Une fois l'exigibilité du droit déterminée, il s'agit de fixer le
montant de la somme à payer par le redevable.

Dans les droits fixes, le montant ne varie pas :
c'est toujours la quotité indiquée par le tarif.

Dans les droits proportionnels, le montant de
la somme varie en raison de la valeur de l'objet
imposé.

Après la loi du 19 décembre 1790, qui abrogea
l'ancien état de choses et établit l'impôt de l'enregistrement, parurent successivement les trois
lois du 9 pluviôse, du 14 thermidor et du 9 ven-
démiaire de l'an IV, auxquelles succéda la loi du
22 frimaire an VII, qui est restée depuis cette
époque la seule base véritable de la législation et
dont les lois postérieures n'ont fait que modifier
les tarifs sans apporter aucune modification sensible dans les principes du droit fiscal (Championn.
et Rigaud, t. 1er, introd., p. 23). C'est dans cette
dernière loi du 22 frimaire an VII, art. 68, § 1er,
n° 45, que nous trouvons la réponse à la question de savoir si la transaction doit être soumise
au droit fixe ou au droit proportionnel.

LXVII. Sont soumises au droit fixe, dit la loi :
« Les transactions, en quelque matière que ce
« soit, qui ne contiennent aucune stipulation de
« sommes et valeurs, ni disposition soumise par la

« présente à un plus fort droit d'enregistrement. »

L'interprétation de cet article a réveillé toutes les controverses, qui au temps des lods et ventes du centième denier et du contrôle partageaient nos jurisconsultes coutumiers.

De nos jours encore deux systèmes sont en présence : d'une part le système autrefois soutenu par l'immortel Dumoulin dans ses écrits, d'autre part le système de la régie, héritière de la doctrine des Tiraqueau et des Poquet de Livonière. Pour arriver à fixer notre choix entre ces deux opinions, que nous nous sommes jusqu'ici contenté de signaler en passant, nous croyons indispensable d'en faire l'histoire ; nous nous demanderons ensuite quelle est celle des deux qui a passé dans nos lois et dont les principes doivent, de nos jours encore, servir de base à la perception de l'impôt.

Nous connaissons déjà les arguments sur lesquels se fondaient Dumoulin et d'Argentré pour prouver la vérité de leur système ; nous en avons présenté le résumé dans la partie de notre dissertation relative au Code Napoléon. Après avoir mis hors de doute le principe qu'il professait, d'Argentré, s'écartant en cela de l'habitude qu'il semblait avoir prise de contredire en tout les opinions de Dumoulin, distinguait les conventions sur un droit certain, de celles qui ont pour objet un droit douteux. Les premières, dit-il, sont translatives, mais elles ne sont point des transactions. « Fuit

« hic titulus haud dubie translativus, nec hæc
« proprie transactiones sunt, protinus emptiones
« esse putandæ sunt. » Quant à celles qui ont
pour objet un droit litigieux, *super jure incerto*,
elles n'ont rien de translatif. « Ego, sic judico,
« ne tunc quidem videri novum titulum tribui,
« sive dimittatur res, sive transferatur, sed cum
« qui rem ex transactione obtinuit, rem habere
« videri, ex eo titulo quem in lite deduxerat. »
La transaction est donc purement déclarative
de droit, elle ne le crée pas, elle le consacre et le
proclame, *non est titulus, sed tituli prætensi confessio.* Enfin le jurisconsulte concluait en ces
termes : « Hoc ergo casu nec laudimia debebun-
« tur, nec gabellæ, nec cæteræ consequentiæ
« contractuum dominii translativorum. »

Pour soutenir le système contraire, Tiraqueau
et avec lui Faber, Fonmaur et Mornac se fondaient
sur plusieurs lois romaines qui supposaient qu'en
matière de transaction, la garantie pouvait
avoir lieu dans certains cas. La loi 33 au Code *de
transact.*, formait la base principale de leur argu-
mentation. Cette loi contient deux hypothèses :
dans l'une, certains objets sur lesquels ne portait
pas le litige ont été transmis et livrés; dans
l'autre, il s'agit de choses litigieuses qui ont été
attribuées à celui qui consulte. Les empereurs
supposent qu'un tiers vient exercer une action en
revendication et ils répondent que dans la première hypothèse il y aura lieu à garantie, tandis
qu'elle n'aura pas lieu dans la seconde. Or, disait

Tiraqueau, dans le premier cas, les choses changent de main, tandis que dans le second le possesseur reste le même. Donc, si les choses changeant de main la garantie est due, c'est que la transaction est translative de propriété, et doit par suite donner lieu aux droits de mutation. Si, au contraire, le possesseur restant le même, la garantie n'est pas due, c'est que la transaction est purement déclarative et échappe par conséquent à l'application des droits de mutation. Sans doute dans le premier cas la transaction est translative de droit, tandis que dans le second elle n'est que déclarative. Mais quelle est précisément la raison de la différence? Devons-nous dire avec Tiraqueau, qu'elle est tout entière dans le changement de possession qui fait présumer la mutation de propriété et qui se produit dans un cas, sans avoir lieu dans l'autre, et n'est-ce pas au contraire le lieu de répéter l'adage des jurisconsultes romains : *Nihil commune habet proprietas cum possessione?* Non, la différence entre les deux hypothèses sur lesquelles statue la loi 33, C., h. t., ne consiste pas en ce que dans l'une il y a un changement de possession qui n'existe pas dans l'autre, mais bien en ce que dans la première la chose transmise est une chose non litigieuse dont la propriété échappe à toute espèce de controverse, tandis que dans la seconde, l'objet de cette transmission est la chose litigieuse elle-même. Dans le premier cas, celui qui consulte abandonne l'objet litigieux à celui qui le possède, et il reçoit en échange de ce dernier unfonds dont la propriété lui est transférée : *præ-dium dari placuit*. De là l'obligation de garantie en cas d'éviction ; de là aussi la possibilité d'exiger les droits de mutation. Nous n'avons donc pas besoin, comme nos adversaires, de recourir, pour expliquer la loi, à une présomption de mutation fondée sur le changement de possession ; et d'ailleurs, si ce changement de possession suffit à leurs yeux pour motiver la garantie, et par suite la perception, il faudra qu'ils l'admettent dans le second cas tout aussi bien que dans le premier, car dans l'un comme dans l'autre les empereurs supposent que certains objets sont passés d'une main dans l'autre, seulement, dans le premier, il s'agit d'objets non litigieux, tandis que dans le second il s'agit des objets litigieux qui, au lieu de rester entre les mains du possesseur primitif, ont été restitués par lui à celui qui consulte et avec lequel il transige. Telle est aux yeux de Doneau la seule interprétation raisonnable qu'on puisse donner de ces mots de la loi : *si res apud te constitutas*, et c'est aussi celle que nous adoptons, comme nous l'avons dit précédemment dans nos explications relatives au droit romain. Tenons donc pour fausse et mal fondée la doctrine de Tiraqueau, et au lieu de dire avec lui : la transaction est translative et donne lieu à l'obligation de garantie et aux droits de mutation toutes les fois qu'il y a changement de possession, sans distinguer si ce changement porte sur les objets litigieux ou sur les objets non litigieux, nous dirons avec Dumoulin, d'Argentré et la plupart de nos anciens jurisconsultes : que la loi 33, C. ,h. t. doit être entendue en ce sens qu'à l'égard des objets non compris au litige, et dont il est fait abandon, il y a transmission, par suite garantie et application des droits de mutation. A l'égard des choses litigieuses, au contraire, soit que celui qui les avait les conserve, soit qu'elles soient délivrées à celui qui les réclame, il n'y a jamais transmission, l'acte est purement déclaratif du droit préexistant ; c'est pourquoi les droits de mutation ne sont pas dus, non plus que la garantie.

Et faut-il donc, pour démontrer toute la justice de cette distinction, citer le nom de Ferrière et les décisions de presque tous nos anciens parlements? l'idée d'aliénation n'a-t-elle pas pour corrélatif nécessaire l'idée d'un droit certain, incontesté et incontestable? celui qui aliène ne fait-il pas passer une chose de son domaine dans celui d'un autre, et pour cela ne faut-il pas que cette chose soit bien certainement sienne, que la qualité de propriétaire ne soit pas en question? « Aut « quis transigit retinendo rem de qua est quæs- « tio, » disait Ferrière (1), « aut relinquendo pos- « sessori ; et utroque casu certum est quod nul- « lum dominium transfertur, nec novum jus, nec « novus titulus in re acquiritur. » Quoi qu'il en soit, la doctrine contraire avait été adoptée par

***

(1) Sur Guypape, quest. 18.

l'une de nos coutumes. « Notre coutume d'Anjou,
« disait Poquet de Livonière, liv. 3, ch. 4, sect. 7,
« contient sur cette matière une règle générale
« dans l'art. 360. » Cette règle consistait dans une
distinction : « En transaction où il y a mutation de
« possesseur de la chose, avec cession et trans-
« port de propriété que le possesseur y préten-
« dait, y a retraict, aussi il y a vente, lesquelles
« se doivent payer à la raison de ce qu'a été
« baillé et payé, par celui qui est fait nouveau
« possesseur de la chose.

 « Mais quand par la transaction n'y a eu trans-
« port ni mutation de possesseur, celui à qui
« demeure la chose pacifique ne doit aucune
« vente, et n'y a retraict, posé qu'il ait baillé
« argent ou autre chose par la transaction. »

« Pour fixer le doute et l'incertitude qui se
« rencontrent dans les droits litigieux, dit Poquet
« de Livonière, expliquant cette disposition, la
« coutume a pris un parti raisonnable, qui a été
« de présumer la translation de propriété par la
« translation de la possession. »

LXVIII. Quelque raisonnable que fût cette présomption aux yeux du jurisconsulte dont nous venons de rapporter les paroles, elle n'avait pas cependant toute l'autorité qu'il semble lui attribuer ;
le système auquel elle servait de fondement n'était
admis qu'exceptionnellement, et l'on suivait de
préférence l'opinion contraire enseignée par Dumoulin. Quel fut donc celui de ces deux systèmes
qui prévalut dans l'esprit des législateurs de fri-

maire? Ont-ils consacré de nouveau la présomption admise par la coutume d'Anjou? Ou sont-ils,
au contraire, restés fidèles au principe de Dumoulin
et à la distinction sur laquelle il se fondait? Qu'on
lise attentivement la disposition de l'art. 68, et
l'on arrivera sans peine à se convaincre que dans
ce qu'il nous présente la transaction comme étant
de sa nature soumise au droit fixe, on verra qu'il
n'est que la reproduction formelle de ces paroles
de Dumoulin (sur l'anc. cout. de Paris, § 33, gl. 1,
n° 67) : « La transaction est par elle-même exempte
« de lods comme du retrait, parce que son objet
« n'est pas une aliénation, mais la terminaison
« d'un procès. » Que faisaient, au contraire, les
jurisconsultes de l'école opposée? Ils plaçaient en
première ligne, comme devant être les plus fré-
quents, les cas où la transaction devait, selon eux,
être considérée comme translative. La loi du
22 frimaire est donc la consécration formelle du
système de Dumoulin, suivant lequel la transaction est purement déclarative, et qui, du reste,
était presque universellement admis dans notre
ancienne jurisprudence. Et si l'on pouvait douter
encore de la vérité de cette assertion, nous repro-
duirions, comme dernier élément de preuve, un
passage du Dictionnaire des domaines, v° Transaction : « *Les transactions, ne sont pas ordinai-*
« *rement des actes translatifs de propriété,* ce
« sont des actes simplement déclaratifs; néan-
« moins, comme les transactions sont suscep-
« tibles de toutes sortes de dispositions, il peut

« s'y trouver des cessions, transports ou ventes
« d'immeubles; dans ce cas les droits de cen-
« tième denier et autres seront dus comme si ces
« dispositions avaient été faites par des actes par-
« ticuliers. » « Ce passage, disent MM. Cham-
« pionnière et Rigaud, doit servir de commen-
« taire à l'art. 68, § 1er, n° 45, de la loi de frimaire.
« Le droit fixe est déterminé par la transaction,
« parce que de sa nature cette convention est pu-
« rement déclarative; mais elle peut contenir des
« stipulations libératoires, obligatoires ou trans-
« latives; dans ce cas, les droits de libération,
« d'obligation ou de transmission, plus élevés que
« le droit fixe, doivent être perçus. »

Mais, si telle est la pensée qui a présidé à la rédaction de la loi de frimaire, les lois postérieures
sont-elles venues la modifier? Et pour ne parler
que de la plus importante, le Code Napolén, dans
les articles qui composent le titre des transactions,
a-t-il inauguré le principe contraire et considéré
la transaction comme un acte translatif et non
déclaratif de droit? Qui pourrait le croire?
N'avons-nous pas démontré dans notre commentaire sur les articles du Code, que la doctrine
de la loi nouvelle est celle qui consiste à voir
dans la transaction la reconnaissance d'un droit
préexistant, *lituli prœlensi confessio*, et non le
titre d'un droit nouveau? La transaction est donc
aujourd'hui encore, aux yeux de la loi civile sagement interprétée, ce qu'elle était aux yeux des
législateurs de frimaire, ce qu'elle était aux yeux

des jurisconsultes coutumiers, et nous pouvons répéter ici le principe que nous avons énoncé plus haut : Si dans une transaction, et comme prix de la concession qui lui est faite, l'une des parties abandonne à l'autre un objet non litigieux, relativement à cet objet la transaction est translative, et les droits de mutation sont dus. Si, au contraire, l'abandon porte sur un objet litigieux, la transaction est purement déclarative, et il n'y aura pas lieu aux droits de mutation. C'est par ce principe, ou plutôt par cette distinction, que nous croyons devoir interpréter la double restriction que l'art. 68 de la loi de frimaire apporte lui-même au principe qu'il proclame. « Sont soumises « au droit fixe, dit l'article, les transactions, en « quelque matière que ce soit, *qui ne contiennent* « *aucune stipulation de sommes et valeurs, ni dispo-* « *sition soumise par la présente à un plus fort droit* « *d'enregistrement.* » « La restriction contenue dans « ces derniers mots de l'article, dit M. Valette « (*Rev. franç. et étr.*, t. 10, 1843), est en parfait « accord avec les principes élémentaires du droit « commun et avec l'ancienne pratique du droit « fiscal. En effet, si l'on suppose que l'une des « parties ne consent à la transaction que moyen- « nant l'aliénation faite à son profit d'une somme « ou d'un objet non litigieux, c'est-à-dire n'étant « pas compris dans la controverse que la tran- « saction doit éteindre, il y a certainement, quant « à cet objet ou à cette somme, une véritable mu- « tation *ex novo titulo*, qui donnerait lieu à ga- « rantie en cas d'éviction. »

LXIX. Quelque juste que soit la distinction sur laquelle se fonde le système que nous proposons, la régie refuse de l'adopter. Le principe qu'elle admet n'est autre chose que la reproduction de l'art. 360 de la coutume d'Anjou, qui exceptait de l'affranchissement du droit de mutation toutes les transactions présumées translatives. Nous en trouvons du reste un commentaire étendu dans l'instruction générale du 15 décembre 1827, n° 1229.

« Pour savoir si dans une transaction le droit pro-
« portionnel est exigible, dit l'instruction, il faut
« s'assurer si la convention a opéré quelque chan-
« gement ou novation dans la situation respective,
« dans l'état de possession, dans les droits appa-
« rents des parties. Il ne s'agit que des droits appa-
« rents, car les tribunaux seuls auraient été juges
« des droits réels, et il n'appartient point aux pré-
« posés de suppléer au jugement ou à l'arrêt qui
« n'a pas été rendu. C'est l'état des choses au mo-
« ment où les parties se rapprochent pour transi-
« ger, qui doit être pris comme point de comparai-
« son avec les engagements dont elles conviennent
« entre elles, afin de régler la perception d'après
« les effets nouveaux qui résultent de cette conven-
« tion. » En conséquence, selon le système de l'administration, toutes les fois que dans une transaction il y aura changement de possession, quelle
que soit la nature de l'objet sur lequel il porte, la
mutation de propriété devra être présumée, et il
y aura lieu à la perception du droit de mutation.
Mais ce n'est pas tout encore. La régie a voulu

multiplier autant que possible les exceptions au principe de l'art. 68, et, non, contente de cette première présomption, que rien ne justifie, elle admet pour la fortifier et en étendre les effets deux circonstances nouvelles qui lui font supposer la mutation. Et d'abord il ne faut pas croire que la régie considère les droits des parties comme simplement apparents, suivant l'expression dont se sert l'instruction. Tout au contraire elle les considère comme vrais; d'où la conséquence que tout changement de possession entraîne mutation et par suite perception du droit proportionnel. Puis, s'apercevant que la transaction échappera au droit de mutation, toutes les fois que la chose litigieuse ne changera pas de main et restera au pouvoir de celui qui la possédait au moment de la contestation, l'administration, alors, se plaçant sur un autre terrain et modifiant son point de vue, tient pour fondées les prétentions abandonnées par l'une des parties. Ainsi, d'une part, les droits des parties perdent leur qualité de *droits apparents*, pour devenir des *droits incontestés*; d'autre part, désistement de la partie qui a attaqué l'autre, considéré comme portant sur des prétentions bien fondées : telle est la double base du système de l'administration. Nous verrons bientôt ce qu'il faut en penser, et comment il doit être apprécié; mais avant d'arriver à cette partie critique de notre exposition, demandons-nous comment les employés de la régie mettent leur système en pratique. Nous trouvons un exemple remarquable de son application dans un arrêt rendu par la Cour de cassation, le 15 février 1831, sur un pourvoi formé par la régie. Un légataire universel avait obtenu l'envoi en possession des biens d'une succession dans laquelle il n'existait pas d'héritier à réserve. Sur la poursuite des héritiers naturels qui assignent le légataire en nullité du testament, une transaction intervient qui restreint le testament dans son effet à l'égard du légataire aux 2/27 de la succession, les 25/27 devant être abandonnés aux héritiers naturels. Cette transaction, dit la Cour suprême, ne peut être considérée pour la perception du droit d'enregistrement comme déclarative de la propriété des héritiers naturels, elle est attributive de propriété et opère une véritable transmission. Et voulez-vous savoir le motif sur lequel se fonde l'arrêt de la Cour? Le voici : C'est que *cette transaction* a été passée entre *un légataire qui a obtenu l'envoi en possession des biens d'une succession dans laquelle il n'existe pas d'héritiers à réserve*, et l'un des héritiers légitimes, *qui n'a pas fait annuler le testament contenant le legs universel*. Il importe peu du reste, ajoute la Cour, que la somme ou valeur stipulée fasse partie des objets litigieux ou qu'elle en soit distincte, car aucune des lois rendues sur la matière ne renfermant cette disposition, qui ne serait fondée sur aucun motif réel, les tribunaux ne peuvent le créer. Conclusion : le droit proportionnel est dû par les héritiers légitimes.

LXX. Il résulte de là que, pour qu'une transaction intervenue entre un héritier légitime et un prétendu légataire universel soit valable aux yeux de la Cour de cassation, il faut que le légataire ne se soit point encore fait envoyer en possession par le président du tribunal, ou que l'héritier soit à réserve, ou que cet héritier ait au préalable fait annuler le testament.

Que deviennent en présence d'un semblable système et les principes qui nous ont jusqu'ici servi de guide et cette définition que nous avons donnée de la transaction ? La transaction est un contrat par lequel les parties terminent une contestation née ou préviennent une contestation à naître au moyen de sacrifices réciproques. Aux yeux de l'administration, et si l'on en croit la jurisprudence de la Cour de cassation, il ne suffit plus, pour qu'une transaction soit possible, qu'il y ait une contestation entre les parties ou qu'il puisse y en avoir une dans l'avenir. Non dans l'espèce sur laquelle statue l'arrêt que nous venons d'analyser, il faut encore que le légataire ne se soit pas fait envoyer en possession, ou que l'héritier ne soit pas à réserve, ou enfin qu'il ait fait annuler le testament. Mais où sont donc les principes sur lesquels la Cour pourrait s'appuyer pour justifier son système ? quelle disposition pourrait-elle invoquer, et de quel droit vient-elle faire de la transaction en matière d'enregistrement une opération complétement différente de ce qu'elle est au point de vue du droit civil? Comment, pour qu'un légataire puisse transiger avec un héritier légitime, il faut que l'envoi en possession n'ait pas eu lieu ! Mais l'envoi en possession n'est, selon l'expression de M. Valette,. qu'une simple formalité qui ne préjuge rien sur le fond du droit. L'envoi en possession ne peut pas faire que le droit du légataire cesse d'être douteux et échappe à toute contestation. Il en est de même de la qualité de réservataire que pourrait avoir l'héritier. Comment concevoir enfin que la Cour ait pu dire que, pour qu'une transaction fût possible dans l'espèce qu'elle avait en vue, il fallait que l'héritier eût fait annuler le testament? Faire annuler le testament pour transiger ensuite sur la validité du testament, dit encore M. Valette, n'est-ce pas là se jeter dans l'arbitraire ?

Quant à la distinction que nous avons admise et que repousse formellement la seconde partie de l'arrêt de la Cour de cassation, si elle n'est écrite dans aucune loi relative à la matière, au moins est-elle écrite dans la raison, nous l'avons démontré. Et du reste, supposez qu'elle ne soit pas admise, supposez que la régie puisse percevoir le droit de mutation, aussi bien quand il s'agira d'objets litigieux que quand il s'agira d'objets non litigieux, ne faudra-t-il pas soustraire à l'application du principe de l'art. 68, toutes les transactions portant sur des sommes ou des valeurs? Que faire alors de ces expressions de l'art. 68 : sont soumises au droit fixe les transactions en quelque matière que ce soit? Il faudra nécessairement les restreindre aux transactions portant sur les droits de famille et sur l'état des personnes. C'est là un résultat qui suffira, nous l'espérons, pour faire sentir toute la fausseté du système que nous combattons. Arbitraire et mépris des principes, tels sont donc les deux mots qui résument en eux la doctrine de l'administration. Aussi pourrait-on constater chaque jour dans la perception des droits, les abus les plus criants et les plus injustes, et pour n'en citer qu'un seul, MM. Championnière et Rigaud ont noté que dans l'espèce de l'arrêt de 1839, l'héritier légitime, au lieu de 5 fr., droit fixe de la transaction, a dû payer 60,512 fr. 99 c.

LXXI. « On a souvent, disait M. Bigot de Préa-
« meneu, en donnant à des actes d'une autre na-
« ture, ou même à des actes défendus, le nom de
« transactions, cherché à leur en attribuer la force
« et l'irrévocabilité. » C'est là une observation que nous avons déjà faite en distinguant la transaction des autres opérations avec lesquelles elle pourrait se confondre, et cette observation trouve son application tout aussi bien en ce qui concerne l'enregistrement qu'en ce qui concerne les droits des tiers. Trop souvent, en effet, deux contrac- tants, pour frauder les droits du Trésor, déguisent sous la forme d'une transaction un contrat trans- latif de propriété, tel qu'une vente ou un échange. De là la tendance de la régie à déclarer toutes les

transactions frauduleuses, et à percevoir dans tous les cas le droit proportionnel.

Mais nous croyons qu'en cela elle dépasse de beaucoup le droit qui lui est accordé. Entre deux partis à prendre, la loi a choisi le moins odieux en permettant à la régie de prouver la fraude quand elle existe, sans l'autoriser à la présumer par cela seul qu'elle peut se présenter dans un acte.

Mais que faut-il entendre par un acte frauduleux à l'égard de la régie? C'est celui qui contient mensonge et simulation, dans lequel on masque un contrat sujet au droit, sous la forme et l'apparence d'un contrat exempt (1). Une fois la fraude découverte, le droit à percevoir est celui du contrat réel que la régie doit démasquer.

Quant au droit qu'a la régie de démasquer la fraude, il repose sur deux principes différents. Le premier, c'est qu'on ne peut éprouver aucun préjudice du dol ou de la fraude des tiers. Que seraient-ce, en effet, que les droits des citoyens s'ils étaient livrés sans garantie à la merci de quiconque voudrait leur porter atteinte? Le second principe se trouve formulé dans la loi 2, D., *de jurisdictione.* « Cui concessa est juris- « dictio, » dit cette loi, « ea quoque concessa « esse videntur, sine quibus explicari non potest.» C'est-à-dire qu'un droit n'est réellement tel qu'autant qu'il comporte en lui tout ce qui est

---

(1) Championnière et Rigaud, t. 1, p. 197.

nécessaire pour l'exercer. Or, l'administration ayant reçu de l'État la mission de percevoir un impôt établi sur certaines conventions, elle doit donc pouvoir disposer de tous les moyens propres à assurer l'exercice de son droit, et de là le pouvoir dont elle est investie de dévoiler la fraude, et de découvrir, sous la convention simulée, le contrat que les parties ont eu réellement en vue, et qui est soumis à la perception de l'impôt.

LXXII. Ainsi, d'une part, une convention simulée et faite dans le but de frauder les droits du Trésor ; d'autre part, une convention réellement existante et soumise à l'impôt, mais cachée sous les apparences de la première : tels sont les deux éléments sur lesquels doit nécessairement porter la preuve de la simulation. Et, en effet, s'il n'existait pas un acte contenant une convention autre que celle qui est réellement intervenue entre les parties, il n'y aurait pas de simulation. Tout au plus pourrait-on reprocher aux parties d'avoir faussement qualifié leur contrat, mais alors il suffirait de lire l'acte pour rectifier l'erreur. C'est en cela que la qualification inexacte diffère de la simulation. D'un autre côté, si la preuve à faire par la régie n'établissait pas l'existence d'une convention susceptible de droit, elle serait inutile comme ne conduisant pas à une perception.

LXXIII. La simulation dans un acte peut avoir pour but, ou bien de cacher sous les apparences d'un contrat licite une convention que la loi frappe de nullité, ou bien de déguiser un contrat valable sous la forme d'un traité également valable. Au premier cas, la régie ne peut avoir aucun intérêt à découvrir la fraude. Que découvrirait-elle, en effet, sous la fiction trompeuse du contrat apparent ? Un contrat que la loi frappe de nullité, et qui ne pourrait comme tel donner lieu à aucun droit, à aucune perception d'impôt. Ainsi, la preuve de la simulation, dans ce cas, a pour effet d'anéantir à la fois et le contrat apparent et le contrat dissimulé. « Contractus simulatus, » dit Faber, L. 4, tit. 17, def. 1, « usque adeo nullus « est ut pro infecto habeatur. » Mais nous supposons, bien entendu, que la convention cachée sous les apparences de la première est nulle d'une nullité radicale, car si elle était seulement susceptible d'être annulée, elle aurait une existence réelle ; la preuve de la simulation auraitfait apparaître un contrat à la place d'un autre, et la régie pourraitpercevoir un droit. S'agit-il, au contraire, d'une simulation ayant pour objet de cacher un contrat valable, les parties ont-elles, par exemple, déguisé une vente sous la forme d'une transaction, la régie, dans ce cas, peut prouver utilement la simulation ; car sous les apparences du contrat avoué par les parties, elle découvre un autre contrat, qui, loin d'être nul aux yeux de la loi, comme dans l'espèce précédente, conserve au contraire toute sa force et toute sa valeur. Aussi Faber dit-il, en expliquant le principe qu'il a énoncé précédemment, et suivant lequel l'acte simulé est nul : « Ita accipiendum est, ut quod « simulato gestum est, pro infecto habeatur, ne- « que tamen ei minus valeat, quod revera actum « probatur, si quo jure valere possit (1). » Mais revenons à l'hypothèse que nous supposions ci- dessus. Les parties ont déguisé une vente sous les apparences d'une transaction, la régie découvre la simulation, elle en établit la preuve, et par suite la transaction est annulée, tandis que la vente sub- siste. Comment ce double effet a-t-il pu se produire? C'est là un point qu'il est important de bien éclaircir. Dans le contrat caché, comme dans le contrat ap- parent, les parties n'avaient qu'un but, faire passer la chose objet du contrat d'une main dans une autre. Mais si les deux opérations se rapprochent et se touchent, au point de vue du but vers lequel elles tendaient, elles diffèrent au contraire pro- fondément sous un autre rapport. Le contrat ap- parent, en effet, et dans l'espèce la transaction, ne pouvait avoir pour cause qu'une contestation à prévenir, tandis que la cause de la vente était tout entière, pour l'acheteur, dans la translation de la propriété de la chose vendue, pour le ven- deur dans le paiement du prix. Les parties ont donc donné à leur opération une fausse cause, dans le but de cacher la cause véritable, et c'est précisément en cela que consiste la simulation. Celui qui voudra la prouver devra donc établir

---

(1) Lib. 4, tit. 17, définit. 3.

tout d'abord que la cause exprimée est fausse, et faire connaître qu'il en est une autre qui est véritable et différente. La découverte de la simulation aura ainsi anéanti le contrat apparent, tout en laissant subsister le contrat réel, car « bien « qu'en général, dit M. Merlin (1), l'obligation mo- « tivée sur une fausse cause soit tout aussi nulle « que si elle était dépourvue de cause, on doit « néanmoins regarder comme valable l'obligation « dont la cause exprimée est fausse, mais qui, dans « la vérité, a une cause réelle. »

LXXIV. La preuve de la simulation, établie d'après les principes que nous venons d'indiquer, ne peut être utile à la régie que lorsqu'il s'agit d'un droit de mutation immobilière. « En effet, « disent MM. Championnière et Rigaud, l'acte « frauduleux n'est jamais le titre de la convention « cachée et découverte ; il ne la contient pas, au « contraire il lui sert de voile. » L'acte frauduleux ne peut donc plus être invoqué lorsque la cause de la convention apparente étant reconnue fausse, on veut arriver à établir qu'il existe une véritable cause et un contrat auquel elle sert de base. Pour arriver à ce but, l'acte simulé ne pourra être pour la régie qu'un indice, jamais il ne pourra être considéré comme la preuve et le titre de l'obligation cachée, et dont on parvient à reconnaître l'existence. Or, il est de principe, en matière d'enregistrement, que les droits sont

---

(1) Question de droit, v° Cause des obligat., § 2, n° 3.

perçus le plus souvent à raison de l'acte qui sert de titre à la convention, et non pas à raison de la convention elle-même. Les mutations entre-vifs de biens immeubles sont les seules opérations qui dérogent à cette règle générale, et pour lesquelles les droits sont dus indépendamment d'une convention écrite. C'est, en effet, ce qui résulte, d'une part, de la loi du 22 frimaire an VII, suivant laquelle le droit d'une convention n'est exigible que sur un acte, c'est-à-dire sur un écrit constatant la convention, et, d'autre part, de l'art. 4 de la loi du 27 ventôse an IX, ainsi conçu :

« Sont soumises aux dispositions des art. 22 et 38
« de la loi du 22 frimaire, les mutations entre-vifs
« de propriétés ou d'usufruit des biens immeubles,
« *lors même que les nouveaux possesseurs préten-*
« *draient qu'il n'existe pas de conventions écrites*
« *entre eux* et les précédents propriétaires ou usu-
« fruitiers.

« *A défaut d'actes*, il y sera suppléé par des
« déclarations détaillées et estimatives, dans les
« trois mois de l'entrée en possession, à peine
« d'un droit en sus. »

Ainsi, lorsqu'il s'agit d'une convention autre qu'une mutation d'immeuble, pour que l'administration puisse prélever le droit sur cette convention, il ne suffit pas qu'elle en établisse l'existence, il faut encore qu'elle prouve qu'il existe un titre, un acte qui la contient. Or, dans l'hypothèse d'une simulation, il existe bien un acte écrit ; mais cet acte n'est pas le titre de la convention cachée, c'est le titre de la convention apparente, qui est nulle. La régie ne pourra donc, dans ce cas, percevoir le droit de la convention cachée, et la preuve de la simulation ne lui aura été d'aucune utilité. Il n'en serait autrement qu'autant qu'il s'agirait d'une mutation immobilière. Il suffit dans ce cas, pour l'exigibilité du droit, que la convention dont la mutation est le résultat soit verbale, et qu'il y ait prise de possession.

LXXV. Nous avons signalé la tendance de la régie à percevoir toujours le droit proportionnel en matière de transaction ; cette tendance se fonde sur ce que la transaction semble, plus qu'aucun autre contrat, favoriser la fraude et la faciliter. Mais la facilité ou l'occasion de la fraude n'en est pas une preuve : « Nec propter opportunitatem, « vel occasionem fraudis, » disait Dumoulin, « sed « propter fraudem, vel aliam culpam, aut justam « causam debet quis privari jure suo. » Quelle que soit la vérité de ce principe, et quelque bien fondé qu'il paraisse, il n'a pas été admis par la régie, et la Cour de cassation, oubliant comme elle qu'il n'appartient qu'au législateur de présumer la fraude, a proclamé dans ses arrêts la doctrine contraire. Pour nous, nous la repoussons comme odieuse et comme favorisant des abus plus iniques et plus regrettables encore que la fraude qu'elle est destinée à prévenir.

Celui qui voudra démontrer l'existence d'une simulation ne sera pas obligé de présenter des preuves directes ; il lui suffira de pouvoir invoquer des présomptions, des conjectures, puisées dans les différentes clauses de l'acte et dans les circonstances qui l'ont précédé ou suivi. Si la preuve en est difficile, dit Fonmaur, n° 775, les lois se contentent de la preuve possible ; on en trouve un exemple dans le droit romain (L. 5, § 6, D., *de re militari*).

LXXVI. Si maintenant nous appliquons les principes que nous venons de poser à l'espèce particulière d'une transaction, nous dirons que la cause de toute transaction étant le doute, l'incertitude, la contestation née ou à naître, celui qui voudra prouver qu'elle est entachée de simulation devra se demander s'il existait entre les parties des difficultés réelles, ou si au contraire elles ont supposé une contestation pour motiver leur transaction, et cacher sous le voile de ce contrat une convention d'une nature différente. « On présume « naturellement, dit Hervé, t. 3, p. 133, qu'il y a une « véritable vente déguisée sous le nom de tran- « saction, si le seigneur fait voir que les parties « ont imaginé des moyens illusoires pour se mettre « en état de faire une feinte transaction au lieu « d'une vente. » Lors donc que l'administration, dans l'espèce qui nous occupe, aura prouvé que les droits des parties ne pouvaient donner lieu à aucune contestation, elle aura suffisamment établi la simulation, et la transaction, disent MM. Championnière et Rigaud, se trouvera sans autre cause que la volonté de transmettre. Mais, quoi qu'en ait dit l'orateur du gouvernement, il ne sera pas toujours facile au juge de vérifier si l'objet de l'acte était ou non susceptible de doute, et il était impossible de soumettre à des règles générales une semblable vérification, car ce sera presque toujours une question de fait bien plutôt qu'une question de droit. Le seul principe qu'il ne faut jamais oublier, c'est que la juste crainte d'un procès est une cause suffisante de la transaction (L. 2, C., *de transact.*). Il n'est donc pas nécessaire, pour l'existence de la transaction, que l'instance soit engagée ; il suffit qu'il y ait lieu à contestation, et que l'acte ait pour objet de la prévenir. « Nil refert an lis præsens fuit aut futura, » disait Pothier. « L'acquisition du repos des fa- « milles, dit Fonmaur (1), et l'avantage de ter- « miner des procès, sont un motif suffisant pour « motiver les sacrifices qu'on fait uniquement « dans cette intention. »

---

(1) No 512.

POSITIONS.

DROIT ROMAIN.

I. La loi 7, § 1, D., *de transact.*, est inexplicable.

II. Il n'existe point d'antinomie entre les lois 3, *princ.*, et 14, D., *de transact.*

III. Si l'une des parties a reçu pour prix de l'abandon de ses prétentions une chose autre que celle qui était l'objet du litige et qu'elle en soit évincée, il y aura lieu à garantie. Par quelle action le transactionnaire évincé agira-t-il pour obtenir l'exécution de cette obligation de garantie? — Il faut distinguer : on accordait, selon les cas, l'action *ex stipulatu*, ou l'action *præscriptis verbis*, ou encore l'action primitive, sauf à répondre par la *replicatio doli* à l'exception *pacti conventi*. Tel était l'état du droit sous les empereurs Dioclétien et Maximien. Mais peut-être au temps classique, dans les cas où on donna plus tard l'action *præscriptis verbis*, donnait-on l'action prétorienne *de dolo*.

IV. Primus revendique contre Secundus la maison A. Leur contestation se termine par une transaction, aux termes de laquelle Primus abandonne ses prétentions à la propriété de la maison, moyennant une somme d'argent que lui paie

Secundus. Survient Tertius, qui revendique à son tour la maison A contre Secundus, et l'évince. Primus alors agit contre Tertius en revendication de la maison A, et l'évince à son tour. Secundus, dans cette circonstance, ne pourra-t-il agir contre Primus que par la *condictio sine causa*, pour lui réclamer la somme qu'il détient maintenant sans cause ? Ou bien devra-t-on lui accorder l'action *præscriptis verbis* pour se faire remettre en possession de la maison ? — C'est cette seconde opinion que nous adoptons.

V. La présomption de paternité du mari, en d'autres termes la règle *pater is est quem nuptiæ demonstrant*, était déjà reçue en droit romain au temps classique.

VI. La règle du droit romain, qui exige la capacité de l'héritier à trois époques, ne trouve pas sa raison dans la règle Catonienne.

DROIT FRANÇAIS.

I. Le jugement rendu contre un débiteur sur une question de propriété d'immeubles n'est pas opposable au créancier hypothécaire dont le titre est antérieur au procès.

II. Les aliénations faites par l'héritier apparent sont nulles.

III. La possession d'état est une preuve complète de la filiation naturelle, tant vis-à-vis du père que vis-à-vis de la mère.

IV. Les actes consentis par un mineur non émancipé ne sont annulables pour cause d'incapacité que lorsque le tuteur n'aurait pu les faire qu'avec l'autorisation du conseil de famille ou des formalités plus grandes. Dans le cas contraire, c'est-à-dire lorsque le tuteur eût pu seul, et sans remplir aucune formalité, valablement faire les actes que le mineur a consentis, ce mineur ne pourra en obtenir l'annulation qu'à la charge de prouver une lésion. — Les actes faits par un tuteur au nom d'un mineur, dans les limites de ses pouvoirs, sont complétement inattaquables.

V. La preuve par interrogatoire sur faits et articles, et par le serment, est applicable à la transaction.

VI. Pour pouvoir valablement transiger, il n'est pas nécessaire de pouvoir disposer à titre gratuit des objets compris dans la transaction ; il suffit de pouvoir en disposer à titre onéreux.

VII. La femme séparée de biens peut transiger seule sur son mobilier et sur les difficultés qui seraient nées à l'occasion d'actes d'administration.

VIII. Le mineur émancipé ne peut, en aucun cas, transiger sans l'accomplissement des formalités prescrites par l'art. 467 du Code Napoléon. Une seule exception doit être faite à ce principe, en faveur du mineur émancipé commerçant, qui pourra transiger seul dans certains cas.

IX. Dans l'espèce de notre position IV de droit

romain, il faudrait décider en droit français que Secundus a une action réelle contre Primus pour l'obliger à lui restituer l'immeuble qui a été l'objet de la transaction.

X. Toute transaction sur l'état des personnes est interdite.

XI. La théorie romaine sur les transactions relatives aux aliments légués ne doit pas être admise en droit français.

DROIT CRIMINEL.

I. Pour qu'il y ait lieu à aggravation de peine pour cause de récidive, il ne suffit pas qu'il y ait eu condamnation à une peine afflictive et infamante, ou simplement infamante, il faut encore que cette première condamnation ait été prononcée en punition d'un fait considéré encore comme crime par les lois existantes.

II. La faculté de réduction accordée aux tribunaux par les derniers mots de l'art. 463 du Code pénal, pour l'emprisonnement et l'amende, leur permet de dispenser le condamné en état de récidive de la surveillance portée par les derniers mots de l'art. 58 du même Code.

III. S'il y a conflit entre une loi antérieure et une loi postérieure, en ce qui touche la prescription de l'action publique, il faudra appliquer toujours la théorie la plus douce. Ainsi, on appliquera la loi nouvelle si elle est favorable, la loi

ancienne si la loi nouvelle admet plus diffici-
lement la prescription.

DROIT INTERNATIONAL.

I. Les vaisseaux neutres ne sont pas de bonne
et loyale prise par cela seul qu'ils ont été cap-
turés sous le convoi de l'ennemi.

II. La dévolution de la succession, soit mobi-
lière, soit immobilière, laissée par un étranger
en France, doit toujours être régie par la loi
française.

III. Un étranger divorcé conformément aux
lois de son pays pourra contracter mariage en
France avec une étrangère, et même avec une
Française.

IV. Les jugements rendus à l'étranger ne sont
pas soumis à une révision au fond, de la part
du tribunal français chargé de les déclarer exécutoires, même lorsqu'ils sont rendus contre des
Français.

Vu par le Président,
VALETTE.

Vu par le Doyen,
C.-A. PELLAT.

Permis d'imprimer :
Pour le Recteur de l'Académie de la Seine en congé,
L'Inspecteur de l'Académie délégué,
J.-P. CHARPENTIER.